여름 생물 탐험대

초판 1쇄 인쇄_ 2024년 02월 15일 | 초판 1쇄 발행_ 2024년 02월 18일
지은이_경사초 2학년 4반 탐험대 | 엮은이_김해성 | 펴낸이_진성옥 외 1인 | 펴낸곳_꿈과희망
디자인·편집_윤영화
주소_서울시 용산구 한강대로 76길 11-12 5층 501호
전화_02)2681-2832 | 팩스_02)943-0935 | 출판등록_제2016-000036호
E-mail_ jinsungok@empas.com
ISBN_979-11-6186-146-3 73810
※ 책 값은 뒤표지에 있습니다.
※ 새론북스는 도서출판 꿈과희망의 계열사입니다.
ⓒPrinted in Korea. | ※ 잘못된 책은 바꾸어 드립니다.

2024 대구광역시교육청 책쓰기 프로젝트

IB PYP 탐구 학습의 결과물!

여름 생물 탐험대

경사초 2학년 4반 탐험대 지음
김해성 엮음

꿈과희망

머리말

사랑하는 우리 2학년 4반 친구들 안녕?
 책 쓰는 여러분들은 멋진 친구들임을 인증합니다. 그리고…….
여러분들은 세상에서 가장 소중하고 아름다운 멋진 작가입니다.
부족했던 책 속 글과 그림이 여러분들에게는 또 하나의 추억
으로 자리 잡게 될 것이에요.
 여러분들을 처음 만난 그 때를 떠올립니다.
2023년 3월, 봄기운이 파릇파릇했던, 2-4반 교실…….
 기대와 걱정으로 만나 많은 기쁨, 슬픔, 기대, 추억이 가득했지만
어떠한 모습이건 우리들의 머리와 가슴 속에 남아 있을 겁니다.
 이 책을 먼 훗날 다시 읽으며 2023년 경사초 2학년 4반 친구들
과 선생님을 떠올릴 시간이 반드시 있을 것이라고 생각합니다.
 앞으로도 선생님은 여러분들의 꿈을 응원하며 여전히 여러분

들을 사랑하고 응원하는 한 사람으로 남아 있겠습니다. 열심히 잘 지내줘서 고맙습니다.^^

아프지 마세요! 건강이 최고인 것 알지요?

매일 매일 최선을 다하며 부모님께 효도합시다.

사랑합니다. 보고 싶을 거예요. 안녕…….

2023년 12월의 교실 한 켠에서…….
2학년 4반 김해성 선생님

들어가는 글

누구나 꿈꾸는 동화 속 주인공이 되어

　어른들과 다르게 아이들이 생각하는 상상의 나라는 너무나도 다양하고 신비로운 것들이 많습니다. 2학년 친구들은 자신이 좋아하는 여름 생물들을 탐구해 보며 어떤 생각을 할까요? 무당벌레가 너무 이쁘다는 아이, 사마귀와 대결할 수 있는 곤충을 찾아서 겨루기 시합을 해보고 싶다는 친구도 있네요. 그리고 수박과 참외가 불쌍해서 못 먹겠다고 이야기하는 아이들도 있었어요.
　IB 월드스쿨의 진정한 탐구 대장들이 여름 생물들에 대해 탐구하고 자신이 좋아하는 여름 생물이 되어 보기로 했습니다. 내가 만약 이러이러한 여름 생물이었다면 무엇을 하고 싶을까? 그리고 내 주변에는 어떤 일들이 일어날까? 사람과 여름 생물의 모습으로 서로 오갈 수 있다면 얼마나 좋을까? 등의 여러 가지 질문이 있었습니다.

  이 책에는 IB PYP 초학문주제 중 하나인 Sharing the Planet(여름 생물 탐험대)의 탐구 결과를 신기한 동화로 표현한 순수 학생 결과물이 담겨 있습니다. 여름 생물 탐험대로 홀연히 동화 속의 감성을 현재에 누리고자 하는 아이들의 모습에서 이 이야기책을 만들어 보아야겠다는 생각을 하게 되었습니다. 그리고 우리 아이들이 자신의 생각을 잘 표현해 줄 것이라는 믿음이 있었습니다.

  안데르센을 넘어 또 한 명의 안데르센이 우리 반에서 나왔으면 좋겠습니다. 그래서 마구마구 그들의 이야기를 세상에 쏟아내면 좋겠습니다. 미래에는 이 아이들이 주인공이니까요.

  '여름 생물 탐험대'는 이런 소망을 담은 책입니다. 동화 속 세계에 빠져 또 다른 상상을 하는 아이들의 이야기가 빨리 세상에 나왔으면 좋겠습니다. 그들은 이미 '안데르센'입니다.

차례

머리말 ………………………………………………… 04
들어가는 글 – 누구나 꿈꾸는 동화 속 주인공이 되어 …… 06

장수풍뎅이의 침략 | 똑부러지는 고현우 ……………………… 11
메뚜기의 여행 | 젠틀맨 김래현 ……………………………… 21
수장이와 슴슴이 | 아직 귀여운 남진우 ……………………… 29
뚜기의 우당탕탕 모험 일기 | 혼자서도 씩씩한 방연우 ……… 37
장수풍뎅이의 천적들 | 꼼꼼 박사 이세혁 …………………… 51
뚜기의 소풍 | 신명 넘치는 이예준 …………………………… 63
무벌이의 귀신 퇴치 | 스마트한 이주안 ……………………… 71
슴벌이의 행복 | 귀염둥이 이지오 …………………………… 81
사마귀는 내 친구 | 밥 잘 먹는 아이 채윤우 ………………… 93
장수풍뎅이의 축구경기 | 축구 도사 추승훈 ………………… 97

풀숲의 노래 | 다재다능 미녀천사 **김다율** ········· 105

무당이와 사마귀의 모험 | 아름다운 미덕 **김민서** ····· 113

영원한 삼총사 | 소녀 감성 **김소윤** ············· 121

못된 사사의 후회 | 두 볼이 귀여운 **박리안** ········· 131

사람이 된 참외 | 여전히 귀여운 **배하은** ·········· 137

윙윙이의 하루 | 우리반 댄싱퀸 **신주현** ··········· 149

수박나라 | 바른 생활 회장 **엄시연** ············· 157

수박이의 모험 | 모범이 되는 **오수빈** ············ 171

뿌뿌의 모험 이야기 | 우리반 이쁜이 **이가윤** ········ 177

랫서의 꿈 | 열정 가득 소녀 **함민음** ············· 189

장수풍뎅이의 침략

글, 그림 고현우

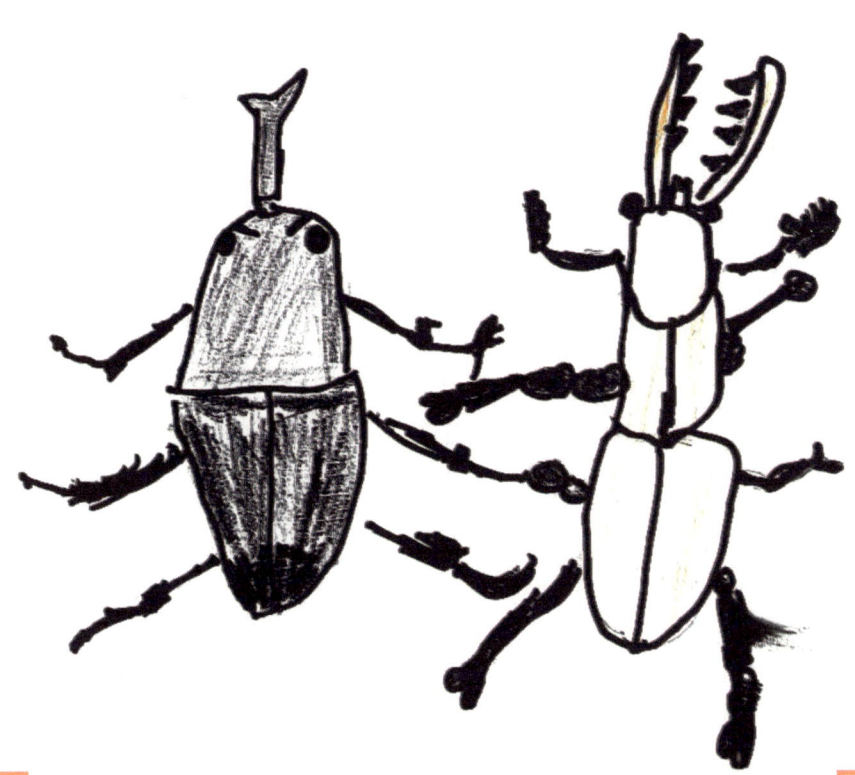

장수풍뎅이의 침략
글·그림 고현우

〈1장〉

안녕!! 나는 장수풍뎅이야~ 나에 대해서 설명을 해줄게.
먹이는 수액, 곤충용 젤리지. 겉모습은 어두운 갈색이고, 나는 1개월에서 3개월까지 살아~ 조금밖에 못 살아.
우리는 사슴벌레랑 자주 싸워.
으라찻차~ 우리의 승리다. 음하하 전쟁이 쉬운 일은 아니야.
그래도 사슴벌레는 우리한테는 상대도 안 돼. 그래서 전쟁이 그렇게 힘들지는 않아.
오!! 이게 뭐지? 어제 사슴벌레랑 싸워서 장수풍뎅이가 죽었다는 거야. 소수 친구들이 슬퍼하고 있지만 우리는 괜찮아. 왜냐하면 장수풍뎅이가 많잖아.

〈2장〉

우리가 힘이 세도 사슴벌레가 이긴 적이 있어. 하지만 진 적이 더 많아.

우리들은 단단하기 때문에 다른 곤충들의 공격도 우리보다는 약해.

그래서 장수라고 말해서 이름이 장수풍뎅이지.

이제 우리는 훈련해야 되니깐 말 시키지 마!!

으쌰으쌰 운동을 했더니 배가 고프군. 우리가 음식을 구해야 해.

뭐야, 사슴벌레잖아. 너희들도 음식을 구하고 있냐? 그럼, 이긴 사람이 곤충용 젤리를 가져 가기로 하자.

역시 너희들은 우리한테 상대도 안 돼. 그럼, 곤충 젤리 가지고 갈게. 안녕!

〈3장〉

장수풍뎅이 제군들~ 놀러 가자!!

저기 뭐야, 사슴벌레 군단이잖아. 우리가 먼저 갈 거야. 비켜 훙!!

사슴벌레: 누가 말할 소린데. 그럼, 전쟁으로 싸워.

장수풍뎅이: 우리가 어차피 이길 거지만 덤벼봐.
사슴벌레: 길고 짧은 거는 대어 봐야 알지.
장수풍뎅이: 그럼 싸워 보자! 그래.

으라찻차! 경기는 끝나고 장수풍뎅이의 승리다.
그럼, 우리가 앞으로 지나가겠다 비켜라.
어디서 우리한테 까불고 있어. 훗! 가자.
장수풍뎅이 제군들아 가자.~ 우리는 특전 특공 부대다.
모든 곤충들에게 장수풍뎅이가 이겼다고 소문을 내라.
자! 이제 놀 시간이다. 곤충 젤리를 상으로 주겠다.
오징어 게임으로 누가 먹을지 정하겠다.
연습게임은 없지만 그 대신 연습할 시간 4분을 주겠다.

<4장>

얘들아! 이제 오징어 게임을 시작하겠다.
'무궁화꽃이 피었습니다!'를 하겠다.
시작! 무궁화꽃이 피었습니다. 장수풍뎅이 101번이 탈락. 물 폭탄 발사 빠방! 으윽!
무궁화꽃이 피었습니다. 150번 빼고 다 탈락. 물 폭탄 발사 빠방! 으윽!

그럼, 이제 달고나 게임을 하겠다.
시작! 뚜뚜뚜 뚜뚜뚜 르러러~ 달고나 조심해야지. 뚜뚝 됐다. 150번 완성.

150번 제군은 곤충용 젤리 먹기 시작!
우리는 장수풍뎅이 특공대잖아. 우리 같이 먹자!
이제 다 먹었으니 집으로 가자. 아니잖아! 오늘 사슴벌레랑 씨름 경기 하기로 했잖아. 그래, 연습하고 가자.
으차! 이 정도면 우리가 이기겠는걸?

선수 입장. 1위 장수풍뎅이, 2위 사슴벌레!
경기는 시작하자마자 막상막하, 하지만 마지막은 늘 장수풍뎅이의 승리!

⟨5장⟩

우리 집 도착.

제군들, 쉬고 수영하러 나가자. 좋습니다. 가는 길에 사슴군단을 만남.

장수풍뎅이: 너희들은 왜 따라오냐?

사슴벌레: 뭔 소리야? 니네들이 따라오잖아.

장수풍뎅이: 뭔 소리야? 우리는 수영장 가니깐 비켜.

사슴벌레: 우리도 수영장 가는데 너희가 비켜.

장수풍뎅이: 물로 싸워!

시작! 첨벙첨벙 장수풍뎅이의 승리.

장수풍뎅이: 그럼, 이제 비켜. 우리가 수영장에서 놀꺼니깐 너희들은 너희 집으로 돌아가.

워터슬라이드 먼저 타자. 우와~ 진짜 빠르고 무서워. 그래도 진짜 재밌어.

우리 내일도 11시에 또 수영장 오자~

<6장>

오~ 제군들 밥 먹으러 가자.

장수풍뎅이: 또 사슴벌레잖아. 비켜.
사슴벌레: 장수풍뎅이야? 우리 같이 사이좋게 지내면 안 돼?
 너희들이랑 친구가 됐으면 좋겠어~
장수풍뎅이: 그래 좋아! 우리 같이 밥 먹으러 가자~
사슴벌레: 그래 좋아. 잘 먹었어.
장수풍뎅이: 그럼 오늘은 우리 집에 가서 놀고 하룻밤 자고
 갈래?
사슴벌레: 좋아!

사슴벌레는 장수풍뎅이 집에서 하룻밤을 잤다.

<7장>

벌써 아침이 밝았어. 아침을 먹어야 돼.
저기 사마귀 군대야. 그럼, 싸우자! 윽!
사슴벌레랑 힘을 합쳐 사마귀 군대를 해치웠지만 우리도 죽은 친구들이 있어.

바로 장수풍뎅이 3명이야.
우리가 무덤을 만들어서 장수풍뎅이를 묻어주자.

<8장>

어! 저게 뭐지?
장수풍뎅이잖아. 장수풍뎅이가 부활했어. 이게 실제야 아니면 꿈이야?
입이 다물어지지 않아. 내가 뭘 보고 있는 거지?
부활한 장수풍뎅이는 괜찮다고 운동하러 나가자고 했다.

야구 경기 어때? 좋아. 좋아.

땀을 많이 흘렸기 때문에 씻자. 씻고 보드게임도 하고 즐거운 시간을 보냈다.

아침에 보니 부활한 장수풍뎅이는 괜찮은데 사슴벌레는 허물을 벗고 하늘나라로 가고 없었다.

늘 싸우고 할 때는 몰랐지만 요 며칠 사슴벌레랑 의형제처럼 의지하고 즐거웠는데…….

흑흑 잘 가. 사슴벌레야~ 다음 생에 보자꾸나.

다음 생에는 꼭 둘도 없는 친구가 되어 보자!!

장수풍뎅이 특징

먹이: 수액, 곤충용 젤리, 나무즙

겉모습: 어두운 갈색, 매우 단단함

탈피: 탈피하지 않음

수컷 특징: 수컷만 큰 뿔이 있다.

지속기간: 1~3개월

메뚜기 의 여행

글. 김래현
그림. 김래현

메뚜기의 여행
글·그림 김래현

<1장> 사마귀의 공격

아주 아주 옛날 어느 숲 속 마을에 메뚜기가 살고 있었습니다. 그 메뚜기는 마음씨도 곱고 힘도 아주 강하였습니다. 친구들과 사이좋게 지내고 먼저 배려하는 마음으로 생활하였습니다. 뿐만 아니라 강한 체력을 유지하기 위해 달리기와 수영을 배우기도 하였습니다.

그러던 어느 날 메뚜기의 천적인 사마귀가 나타났습니다. 사마귀의 횡포에 온 마을이 쑥대밭이 되었습니다. 마을 사람들은 혼비백산 도망을 갔습니다.

결국 마을에 혼자만 남게 되었습니다. 메뚜기는 무너진 집과 마을을 보며 울고 있었습니다.

그 때 사마귀가 나타나 메뚜기에게 결투를 신청했습니다. 소문을 들은 메뚜기 주민들이 돌아와 격려를 해주기 시작했습니다.
"자네는 할 수 있어! 옆에서 응원을 하겠네. 꼭 이기길 바라네."
긴 싸움 끝에 간신히 메뚜기가 승리할 수 있었습니다.

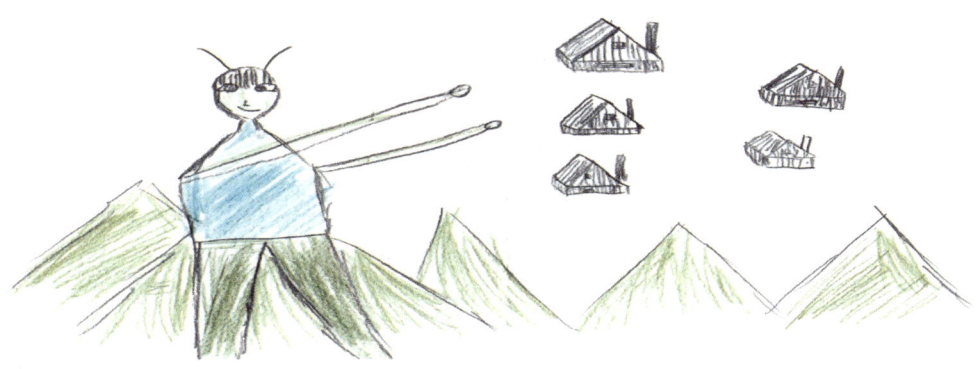

〈2장〉 위험한 모험

지난번 사마귀와 결투한 기억이 남아 있는 메뚜기는 문득 생각이 떠올랐습니다.
'이 사마귀는 도대체 어느 마을에서 왔을까? 왜 우리 마을을 이렇게 만들었을까?'
메뚜기는 마을 사람들에게 물었습니다.
"이 사마귀를 본 적이 있으신가요?"
"아니, 나도 처음 봤네."

답을 찾지 못한 메뚜기는 불안한 마음을 안고 투덜투덜 집으로 돌아왔습니다. 곰곰이 생각한 끝에 직접 사마귀의 마을을 찾아가기로 결심했습니다. 배를 타기도 하고 길을 걸으며 한 번도 와 본 적 없는 산과 들판을 보며 끊임없이 걷기 시작했습니다.

'하루 종일 아무것도 못 먹었더니 배가 고프구나. 뭘 좀 먹어야겠어.'

고픈 배를 잡고 정처 없이 걸어가던 중 우연히 개미 친구들을 만났습니다. 사정을 들은 개미 친구들은 흔쾌히 자신의 음식을 나눠주며 말했습니다.

"사마귀 왕국은 험난한 곳이야. 자칫 찾아갔다가 살아서 돌아오지 못할 수도 있어."

"괜찮아! 그들의 눈에 띄지 않도록 조심해서 갈 거야. 음식 나눠줘서 고마워 친구."

<3장> 왕국의 공격(상)

　험난한 여정 끝에 드디어 사마귀 왕국에 도착하였습니다. 메뚜기는 고민하기 시작했습니다.
　'어떻게 하면 왕을 만날 수 있을까? 만나서 왜 우리 마을을 공격했는지 이유를 알 수 있다면……'
　그 때 사마귀 마을 사람들이 웅성거리기 시작하였습니다.
　"우리 마을에 메뚜기가 몰래 들어왔다는군요. 어서 누군지 밝혀야 할 텐데."
　그 순간 한 사마귀 주민이 메뚜기를 발견하고는 소리쳤어요.
　"메뚜기가 여기에 있다. 어서 잡아요!!!"
　결국 메뚜기는 사마귀 군사들에게 잡혀 왕에게 끌려가게 되었습니다.

<4장> 왕국의 공격(하)

　"그대는 어디에서 왔는가? 이름은 무엇이며, 어떤 일을 하고 있는가? 또 이곳에 온 이유는 무엇인가?"
　"저는 메뚜기 마을에서 왔습니다. 평범한 시민이며 이곳에 온 이유는 사마귀가 메뚜기 마을을 공격한 이유를 알고 싶어서입니다."

"메뚜기 마을을 공격한 이유는 너희 마을의 풍족한 곡식을 빼앗고자 함이다. 우리 사마귀 마을은 농사짓는 방법을 모르기에 매년 곡식을 구하기가 힘들다. 그러기에 너희 마을의 자원이 필요한 것이다."

"사마귀 왕님. 그러면 제가 농사짓는 방법을 알려드리겠습니다. 대신 무너진 메뚜기 마을을 다시 고쳐 주시길 바랍니다."

"알겠다. 먼저 마을을 공격한 것은 미안하다. 농사짓는 방법을 알려준다면, 메뚜기 마을로 편하게 돌아갈 수 있도록 도와주겠다."

그 후 메뚜기는 사마귀 마을에 머물며 농사짓는 방법을 알려

주고 편안히 집으로 돌아올 수 있게 되었답니다. 뿐만 아니라 메뚜기 마을 사람들에게 영웅으로 칭찬을 받았답니다.

메뚜기의 정의

메뚜기과에 속하는 곤충의 총칭.

생태

방아깨비 · 딱다기 · 풀무치 등으로 불리는 곤충을 포함하며 성충과 약충(若蟲)이 모두 초식성이다. 메뚜기떼는 예로부터 무서운 피해를 끼쳐 기록에 많이 남아 있다.

우리나라에서 메뚜기과에 속하는 곤충 중 해충으로 알려진 것은 7종이며, 그중 벼메뚜기는 논에서 흔히 볼 수 있는 메뚜기로 약충과 성충이 벼잎을 먹는다. 과거 우리나라에서 큰 피해를 받은 것은 풀무치에 의하였던 것으로 추측된다. 특히 큰 피해를 주는 것은 풀무치와 같은 이동형 메뚜기이다.

수장이와 슴슴이
글·그림 남진우

　해가 쨍쨍 무더운 날에 장수풍뎅이 '수장이'는 가족과 작별을 하고 혼자서 멋진 참나무를 찾아 떠났어요.
　수장이는 알에서 태어나 애벌레가 된 뒤 번데기 시간을 지나 멋진 뿔을 가진 수컷 장수풍뎅이였어요.
　파릇파릇한 숲에 멋진 참나무에 도착한 수장이는 "우와~~~ 멋진 참나무!"라고 생각했습니다.
　멋진 참나무에서 수장이가 처음 만난 친구는 수장이와 비슷하게 생겼지만 두 개의 뿔을 가진 사슴벌레 '슴슴이'였어요.
　"안녕, 난 수장이야!" 수장이가 씩씩하게 인사하자,
　"안녕, 난 슴슴이야!" 슴슴이가 예쁘게 인사했어요.
　수장이와 슴슴이는 서로 노는 것도 좋아하고 좋아하는 음식도 너무나도 똑같이 참나무 수액을 좋아했어요.

평화롭게 지내던 어느 날,
참나무 수액을 뺏으러 온 장수말벌 '수벌이'가 쳐들어왔어요.
"이제 이 참나무 수액은 다 나의 것이다."라고 큰소리로 말했어요.
그 모습을 지켜보던 슴슴이가 수벌이를 보고 "참나무 수액은 우리 모두의 것이야!"라고 소리쳤어요.

슴슴이는 두 개의 집게 뿔로 수벌이를 잡아 막으려고 했지만, 하늘 위로 날아올라 쏘게 되는 수벌이의 벌침 공격에 꼼짝 없이 움직이지 못하게 되었죠.

혼자 이길 수 없다고 생각을 한 슴슴이는 수장이에게 큰소리로 도와달라고 외쳤어요.

"수장아! 수벌이가 쳐들어와 우리들의 참나무 진액을 독차지하려고 해. 어서 도와줘~~~"

슴슴이의 목소리를 들은 수장이는 슴슴이와 수벌이가 대결하는 곳으로 급하게 달려갔어요.

수장이가 수벌이에게 "수액은 욕심쟁이 너에게 넘길 수 없어."라며 공격했지만 수장이 역시 하늘을 붕붕 나는 수벌이를 잡기에는 힘이 들었어요.

수장이가 슴슴이에게 말을 했어요.

"나 혼자는 수벌이를 이길 수 없어. 우리 같이 공격하자."

수장이와 슴슴이는 둘이서 속닥속닥 작전을 세웠어요.

그 때 이 모습을 보고 있던 수벌이가 수장이와 슴슴이를 향해 크게 웃으며,

"너희가 작전을 세워도 하늘을 날 수 있는 날 이길 수 없어. 나의 똥침을 받아라."고 하며 수장이를 공격하자,

수장이가 순간 하늘을 붕 날라 코뿔소 같은 뿔로 수벌이 가슴을 "퍽" 하고 박치기 하더니! 놀란 수벌이가 땅에 "툭" 하고 떨어졌어요.

수벌이가 떨어져 "수장이가 어떻게 날 수 있지?"라고 놀란 틈을 타, 떨어진 수벌이를 보고 있던 슴슴이가 빠르게 수벌이에게 달려가 양쪽 집게로 수벌이를 잡고 있자, 그 때 수장이가 다시

한번 수벌이의 가슴에 뾰족한 긴 뿔을 넣어 놓고 씨름선수처럼 들어올려 힘차게 던져 버렸어요.

　수장이와 슴슴이의 합동 공격에 놀란 수벌이가 "아이고 수벌이 살려!"라고 외치며 도망갔어요.

　도망가는 수벌이를 보며 수장이와 슴슴이는 "우리 둘이 힘을 합치면 천하무적이야. 다시는 오지 마."라고 소리쳤어요.

　이후로 수벌이를 무찌른 수장이와 슴슴이 이야기가 참나무 주위에 알려져 욕심 많은 침입자들이 아무도 쳐들어오지 않았어요.

　수장이와 슴슴이는 멋진 참나무를 지키면서 행복하게 잘 살았습니다.

장수풍뎅이

- 서식지는 우리나라 남부지방에 살아요.
- 몸길이는 30~85mm 정도에요.
- 색깔은 흑갈색 또는 적갈색이에요.
- 머리는 크고 넓으며, 큰 턱이 발달되어 있어요.
- 수컷의 경우 머리 부분에 긴 뿔이 있고 암컷은 뿔이 없어요.
- 먹이는 여러 종류의 나무 수액을 먹으며 살아요.
- 짝짓기를 하고 나면 죽어요.

사슴벌레

- 사슴벌레는 우리나라에 살아요.
- 몸길이는 39~80mm 정에요.
- 장수풍뎅이보다 오래 살아요.
- 수컷은 턱이 아주 긴데, 안쪽에 톱니처럼 생겼고, 암컷은 둥글둥글한 체형에 턱이 작아요.
- 사슴벌레는 야행성으로 밤에만 활동하고 낮에는 땅속에서 지내요.
- 먹이로는 참나무의 진액을 빨아먹고 살아요.

장수말벌

- 장수말벌은 우리나라에 살아요.
- 몸길이는 35~45mm 정도에요.
- 장수말벌은 1년 정도 살아요.
- 여왕벌 중심으로 집단생활을 해요.
- 장수말벌은 엉덩이에 독침이 있어요.
- 먹이로는 나무 수액이나 과일, 벌이나 풍뎅이 등이 있고 잡식성이에요.
- 사는 곳은 땅속이나 썩은 나무에 집을 짓고 살아요.

뚜기의 우당탕탕 모험일기
글·그림 방연우

1장 〈메뚜기의 하루〉

이번에 열리는 올림픽의 높이뛰기 종목에 참가하기 위해 오늘도 힘차게 6시에 일어나서 운동 연습을 하였다.

올림픽에서 이기면 상금이 많기 때문에 경쟁이 심하다. 그래서 아무리 높이뛰기를 잘하는 나라도 연습을 많이 해야만 한다.

2장 〈운동 연습〉

우선 몸을 풀기 위해 줄넘기를 1000개 해준다. (1시간 후….) 조금 쉬고 이번엔 달리기 연습을 한다. 너무 집중해서 달려서인지 나도 모르게 40km나 달렸다. 이렇게 연습을 하고 있는데,

나의 친구인 제제가 높이뛰기 대결을 하자고 연락이 왔다. 제제의 최고 기록은 97cm, 나의 최고 기록은 90cm로 7cm 정도 차이가 난다.

  1주일 후에 대결하기로 하였는데 그 때까지 연습을 열심히 하면 내가 이길 수 있을까? 걱정이 앞서긴 했지만 운동 연습을 너무 해서 피곤하다. 일단 자고 나서 생각해야지.

3장 <우정이 깨지다>

오늘은 제제와 높이뛰기 대결이 있는 날이다.
제제가 말했다.
"연습 많이 했어?"
나는 말했다.
"그럼. 당연히 내가 이길 거야! 정정당당히 겨루어보자."
서로 높이뛰기를 하였는데 아쉽게 내가 1cm 차이로 지고 말았다. 너무나 아쉬워서 말을 못 하고 있는 나에게 제제가 다가와

서 힘내라고 말했는데 나는 그것을 무시하고 제제에게, "넌 정정당당히 겨루지 않았지?"라고 화를 내었다.

제제는 어이없는 표정을 지으며 화를 내고 돌아가버렸다. 이렇게 우리의 우정이(쨍그랑!) 깨졌다.

바로 내일이 올림픽인데 나의 승리 욕심 때문에 친구에게 되돌릴 수 없는 상처를 주었다.

4장 〈드디어 출전〉

올림픽 경기날이다. 빨리 일어나서 당근, 배추, 상추, 무 등 차려진 것들을 아낌없이 먹고 나갔다.

나의 번호는 7번.

1번이 1m, 2번이 97cm, 3번은 1.3m, 4번과 6번은 1.2m, 5번은 아파서 못 나왔다. 몸 상태는 최고인데 제제에게 상처를 준 것이 자꾸 신경이 쓰여서 기분은 별로 좋지 않았다.

내 차례가 되자 최선을 다해 열심히 달려서 최대한 높게 점프했다. 나의 기록은 1.25m. 1등과 5cm 차이로 졌다. 우승을 하지 못해서 너무 슬펐다.

5장 〈가족과 친구의 기쁨〉

집에 돌아오니 엄마와 친구 푸푸, 그리고 제제가 맛있는 음식을 준비해 두고 기다리고 있었다. 나는 제제가 와주어서 너무나 기쁜 나머지 우승을 하지 못해서 생긴 슬픈 마음이 싹 사라졌다.

친구들과 즐겁게 놀고 있는데 엄마가 와서 간식을 주시며, "다음 주에 제제와 함께 워터파크에 놀러 갈까?"라고 말씀하셨다.

제제와 나는 기쁜 표정으로 "네!"라고 얼른 답했다.

(다음주…)

와! 드디어 워터파크에 왔다.

워터파크에는 매미 안전요원과 티켓을 끊어 주는 사마귀와 장수풍뎅이 아저씨가 있었다. 수영장에 들어가니 아기 장수풍뎅이, 메뚜기 가족, 개미, 사슴벌레 아저씨, 아줌마가 있었다. 제제와 함께 놀아서 너무 재미있고 기뻤다.

6장 〈꿀벌 아저씨〉

우리 집 옆 큰 나무 위에 꿀통이 있다. 꿀벌 아저씨가 우리 나무에 집을 짓게 해준 것이 고맙다고 매주 꿀을 나눠주신다. 나는 괜찮다고 계속 거절하였다. 어느 날 꿀벌 아저씨가 꿀이 운동 연습할 때 도움이 된다고 말씀하였다. 그래서 다음 올림픽을 준비하는 나는 꿀벌 아저씨가 챙겨주는 꿀을 열심히 챙겨 먹으면서 높이뛰기 연습을 꾸준히 하였다.

7장 〈다시 찾아온 기회!〉

(4년 뒤…)

다시 올림픽에 나간다. 이번에는 친구 제제도 응원 와주었고, 꿀벌 아저씨가 주신 꿀 때문인지 몸의 상태가 너무 좋은 것 같았다. 그 결과 나는 세계 신기록을 세웠고, 내가 꿈꾸던 트로피와 상금을 받았다.

받은 상금으로 나를 도와준 제제와 꿀벌 아저씨, 엄마, 아빠 등 많은 사람을 집으로 초대해서 축하 파티를 하였다. 파티가 끝나고 나는 잠자리에 들기 전에 오늘 받은 소중한 트로피를 한번 더 살펴보고 침대 밑에 숨기고 잠을 잤다.

8장 〈도둑이야!〉

잠을 자고 있는데, 쿵! 하고 시끄러운 소리가 나 잠에서 깼다. 어두워서 잘 안 보이는데, 어디선가 많이 본 얼굴인 것 같았다. 도둑을 잡으려는데 놀라서인지 다리가 잘 움직여지지 않았다.

그 사이 도둑이 줄행랑을 쳤다.

집에 잃어버린 물건이 있는지 찾아보았는데 다행히 잃어버린 물건은 없었다. 소중한 내 트로피도 그대로 있었다.

9장 〈복수〉

(다음날 밤…)

혹시 오늘도 도둑이 또 올까 봐 나는 자는 척하며 두 눈을 똑똑히 뜨고 있었다. 이번에도 끼이익~! 소리를 내며 누군가가 들어왔다. 나에게 다가왔을 때, 나는 벌떡 일어나서 도둑을 잡았다. 알고 보니 나랑 올림픽에서 겨루었다가 2등을 한 메뚜기 아저씨였다. 메뚜기 아저씨가 도망가기 시작했고, 나는 추격하기 시작했다. 나는 아직 어려서 메뚜기 아저씨가 밀치니 쉽게 넘어졌고, 그 때 메뚜기 아저씨는 도망가기 시작했다. 나는 포기하지 않고 끝까지 따라갔다. 경찰이 올 때까지 쫓아가다 드디어 메뚜기 아저씨를 잡았다.

매일매일 다양한 일들이 끊이지 않는다.
내일은 또 어떤 일이 일어날까?

메뚜기의 특징

- 몸의 길이는 5mm 이하인 것부터 115mm를 넘는 것까지 다양하다.
- 크게 머리, 가슴, 배의 세 부분으로 나뉜다.
- 메뚜기는 번데기 시기를 거치지 않고 알, 애벌레, 어른벌레로 자란다.
- 서식은 땅 위, 풀 위, 나무 위 등에서 이루어진다.
- 대부분 식물의 잎을 먹고, 주변 환경에 따라 보호색을 띤다.
- 여치는 밤에, 메뚜기는 낮에 활동하는 편이다.
- 보통 알로 겨울을 나지만, 각시메뚜기처럼 어른벌레로 겨울을 나는 종도 있다.

장수풍뎅이의 천적들

글. 이세혁
그림. 이세혁
옮김. 김해성

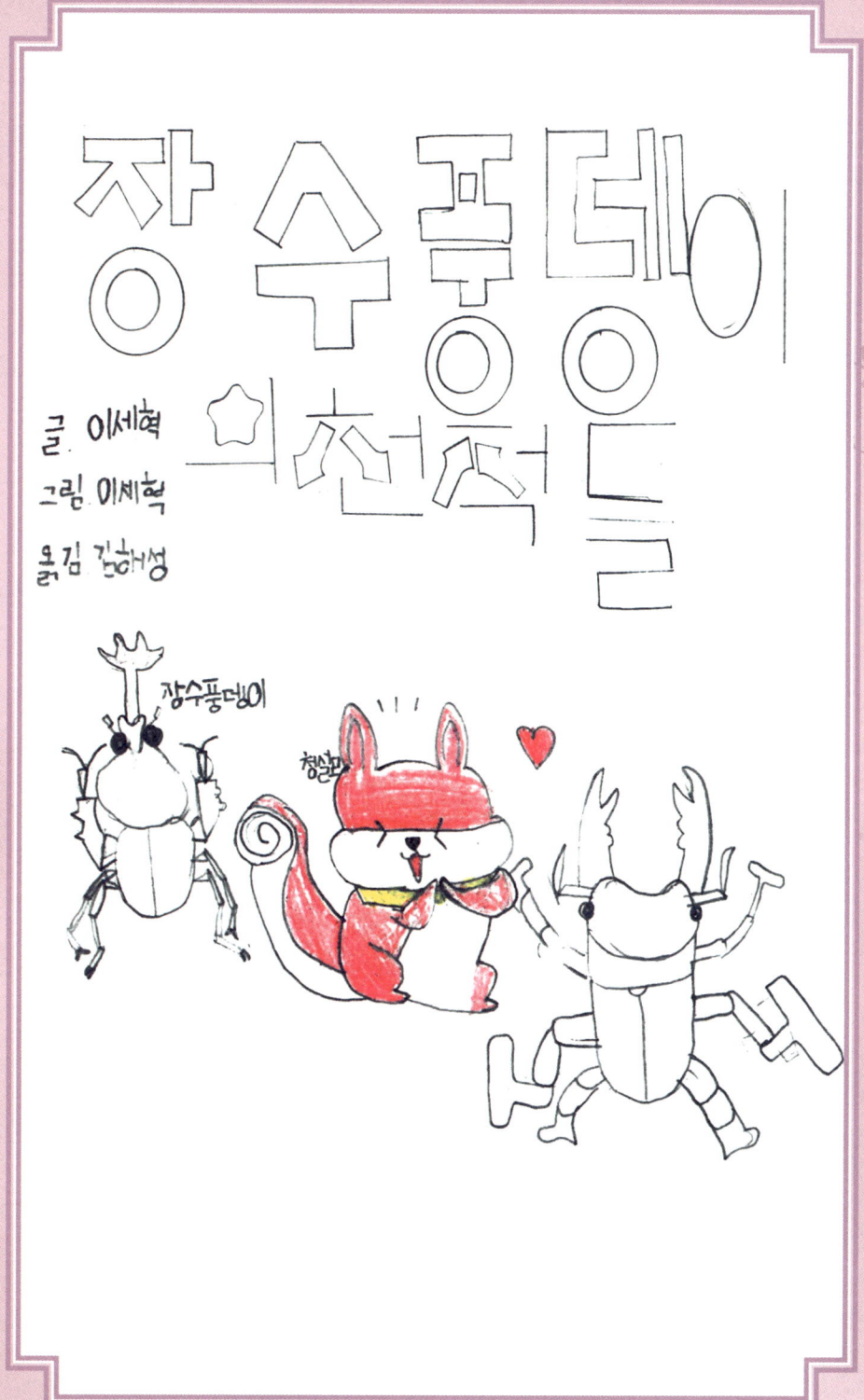

장수풍뎅이의 천적들
글·그림 이세혁

1장: 장수풍뎅이들의 천적들

"안녕! 난 장풍이야. 우리 장수풍뎅이들은 튼튼하지만 천적이 있어. 아주 큰 천적은 다람쥐, 청설모, 까마귀, 산까치 등이 있어. 우리에게 만약 천적이 나타나면 도망치거나 죽을 수밖에 없어."

2장: 장수풍뎅이 천적들과의 숨바꼭질

"으악! 까마귀다! 천적이 나타났어!! 하지만 우리는 숨는 곳이 있어. 우리 몸은 밤색이기 때문에 나무나 흙 쪽에 숨으면 천적들이 우릴 못 찾아. 어두울 때도 우리 몸은 밤색이라서 밤에는 풀,

잔디, 개울가 가까이에 숨어 있으면 천적들이 우릴 못 찾지. 근처에 나무나 잔디가 우리 몸보다 작거나 없다면… 우리는 천적들에게 잡혀 죽을 수밖에 없어."

3장: 천적들을 피해 다녀야 하는 장풍이의 세상

"우리는 추위에 약해서 따뜻한 곳에서 살아야 돼. 하지만 우리는 높은 기온에서도 약하지. 그래서 내가 사는 곳은 온도가 적당해야 해."

"나는 천적이 없는 곳에서 살고 싶어. 숲은 나무가 그늘을 만들어주고, 햇볕까지 내려오니 우리가 살기엔 제일 온도가 적당한 장소라 할 수 있지. 온도가 적당한 이 숲이 난 아주 좋은데, 이 숲에는 천적들이 너무 많아. 그래서 그 천적들을 피해 다니느라 난 아주 힘들지."

"나의 몸길이는 30~54mm야. 고작 5cm 정도 되는 길이지. 달리기도 많이 빠르진 않아. 어른이 되면 몸길이가 조금 더 길어지지만 달리는 게 어릴 때보다 더 느려져서 천적들에게 잡힐 가능성이 더 높아져. 어릴 때보다 힘도 3배 정도 더 강해지지만 천적보다는 약하지. 개미들은 자신보다 커다란 곤충을 옮기기 위해 개미들끼리 서로 힘을 합쳐서 옮기지만 우리 장수풍뎅이들은 태어났을 때 큰 벌레가 죽은 모습만 봐도 바로 무서워서 자신이 태어난 나무 안으로 도망을 치지. 개미들보다 겁이 많아. 그래서 태어났을 땐 나무 밖으로 많이 나가면 안 돼."

4장: 세상 밖으로

"근데 어떤 친구가 밖으로 나갔나 봐?! 어떻게 하지?"
"안녕? 왁! 후후후. 배부르다."
"어떻게 하지? 그 친구가 죽었나 봐!"
"미안해. 지켜주지 못해서. 그 친구는 하늘나라에서 잘 살겠지."
"나도 어른이 되면 어릴 때 먹었던 나무의 그 맛없는 부분 말고 나무진을 먹겠지. 맛있겠다. 나도 빨리 어른이 되었으면 좋겠다." (장수풍뎅이의 어릴 적 이야기)

5장: 공포의 천적들의 술래잡기

"헉!! 천적이 또 나타났잖아. 빨리 피해야 돼. 도망치자."

"그런데 저 천적은 산까치잖아. 그럼 날아다닐 수 있는 것이네. 그럼, 친구들이 지금은 아침이라서 하늘에선 소리가 잘 안 들릴 테지만 우리들의 몸 색은 전에 말했던 것처럼 밤색이라서 아침이면 우리들의 색깔이 더 잘 보여서 쉽게 찾을 텐데. 어떻게 하지? 급한데. 아~ 그래! 풀 속에 숨으면 되겠다."

"헉! 풀 속에 숨은 친구가 잡혀갔잖아. 아~ 우리 몸은 밤색이라서 풀에 숨어도 조금 보이는구나. 헉. 나한테 오잖아! 나를 발견했나 봐. 빨리 도망가야 돼. 빨리! 빨리! 빨랑 도망가야 돼! 헉. 한 친구가 나 대신 잡혀갔잖아. 고마워. 너는 천국에 꼭꼭 갈 거야. 헉! 나를 또 잡으러 왔잖아."

6장: 둥지로 잡혀간 장수풍뎅이 위기에 처하다

"나는 산까치에게 잡혔어. 안 돼! 누가 나 좀 구해줘! 헉! 으악!! 떨어진다!! 휴~ 둥지에 떨어져서 살았네. 다른 친구들도 이미 잡혀 와 있잖아!! 이제 우리 잡아먹겠지? 으악!"

"이대로 잡아먹히기 싫은데… 살고 싶다… 어떻게 하지? 살고 싶은데… 좋아!! 친구들과 같이 힘을 합쳐서 도망치는 거야. 일단 둥지 밑으로 숨자. 좋아! 다 숨었다! 얘들아~ 쉿! 으악! 이렇게 새가 착륙할 때 충격이 클 줄 몰랐는데. 헉! 들켰잖아? 빨리 도망쳐야 돼!"

"여기에 있으면 괜찮은 줄 알았는데. 일단 도망가는 게 우선이야! 빨리 밖으로 도망가자! 헉! 절벽이잖아! 어떻게 하지?"

7장: 장수풍뎅이 위기에서 벗어나다

"으악! 일단 도망가야 돼! 점프~!"

"어~~ 뭐라도 잡아야 하는데……. 잡을 곳이 없어. 으악! 떨어진다."

"오후~ 친구들과 떨어졌는데 독수리의 등에 타서 살았네. 갑자기 독수리가 몸을 흔들잖아. 으악! 또 떨어진다!"

"오후~ 폭신폭신한 풀에 떨어져서 살았네. 나무진 좀 먹어야겠다. 헉! 이번엔 청설모?! 도망가야 돼! 뛰어! 아니 우리는 느리니깐 숨어! 빨리!"

"오후~ 왜 나만 쫓아오냐고……. 헉! 바로 뒤에 있잖아! 점프! 쾅! 응? 청설모가 기절했잖아. 와~~ 내 머리가 그리 딱딱한가? 잠깐… 곧 깨어날 거 아니야? 빨리 도망가자."

"휴~ 겨우 도망쳐 왔네. 휴~ 어휴 열심히 뛰니깐 배가 고프네. 나무진을 찾아보자."

8장: 장수풍뎅이 위기를 벗어났지만 다시 위기에 처하다

"나뭇진을 다 먹고 가던 중 청설모가 갑자기 튀어나왔어……."

"튀어! 뒤로! 헉! 까마귀잖아? 청설모하고 의논을 한 거야 뭐야? 그럼 오른쪽으로! 헉! 산까치까지?! 반대로 도망가자! 헉!

사슴벌레야! 쿵! 오후 머리에 커다란 혹이 생겼네."

"다행히도 바로 옆에 큰 바위가 있었는데 사슴벌레가 나를 바위틈으로 데리고 가 주었어."

"고마워~ 사슴벌레야~"

9장: 숨막히는 숨바꼭질

"사슴벌레야! 얼른 숨자. 숨긴 숨었다."

"그런데 어떻게 하지? 헉! 왔다! 조용히 하자! 꿀꺽… 일단 조금씩 도망가자! 그래! 부스럭부스럭. 어, 뭐지? 헉! 도망쳐, 사슴벌레야! 왜? 위를 봐! 빨리 숨자!"

"어휴~ 겨우 따돌렸네. 진짜 죽을 뻔했네."

10장: 장수풍뎅이 다시 도망치다

"휴~ 겨우 숨었네. 그치? 사슴벌레야."

"응! 네가 나를 도와주지 않았으면 그 천적들에게 잡아먹힐 뻔했어. 하늘이 우리를 살리신 거야. 하늘의 신님, 저희를 살려 주셔서 감사합니다."

"그런데 어떻게 우리가 거기에 숨은 걸 천적들이 어떻게 알았을까? 그렇다면 여기에서도 많이 숨어 있긴 힘들 거야. 한 곳에 숨어 있지 말고 이동하자. 좋지! 사슴벌레야?"

"응. 좋아."

11장: 장수풍뎅이 열심히 도망가다

"좋아! 가자! 앗! 그런데 우리가 이동하려는 방향에 천적이 있으니, 뒤쪽으로? 뒤쪽으로! 응?"

"무언가가 만져지는데? 뭐지? 헉! 청설모?! 도망가자! 가자! 잠깐! 일단 풀 속에 숨어! 그래!"

"가까이에 풀이 있어서 겨우 숨었네. 빨리! 빨리! 이동하자."

"어? 뭐지? 엥? 까마귀? 그럼…… 도망가!."

"사슴벌레야! 까마귀야! 뿔로 치기!!! 얍!! 괜찮아? 사슴벌레야??"

"응, 괜찮아! 그리고 고마워, 장풍아."

"고맙긴 뭘… 그런데 일단 도망가자! 가자 가자! 왼쪽으로 앞으로. 오른쪽으로 앞으로."

"앗! 어떤 불빛이 나는 동물이잖아. 저건 뭐지?"

12장: 자동차 VS 장풍이

"빨리 뛰어. 장수풍뎅이야! 어… 어… 알았어."

"어? 저건 그 자동차잖아!!?? 속도가 엄청나게 빠르다던데."

"어! 멈췄다. 그 사이에 가자. 히엇! 누워! 알았어…."

"헛! 뛰어! 좋아! 헛! 가자! 뛰잣! 히얏!"

"휴~ 넓은 길을 겨우 건넜네. 천적들은 여기로 못 오나 봐. 다행이다."

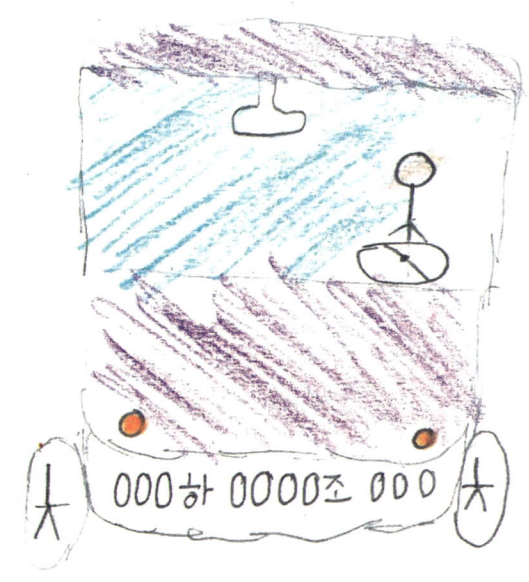

13장: 장수풍뎅이의 착각

"어? 헉! 까마귀가 날아서 오잖아. 또 도망가자. 좋았어!! 따돌렸다."

"이얏호! 어? 잠깐만 들킨 것 같네? 이 느낌은 뭐지? 어? 사슴벌레야!! 밑을봐. 까마귀가 죽었는데? 저기를 건너다가 죽었나봐. 어? 저기를 봐! 친구들이 있어. 구해주자!"

14장: 해피엔딩(친구들이 많아진 장풍이)

"애들아~~ 우리 모두 친구할래? 파티를 열자! 모두 다 좋지? 좋아! 파티를 열자!"

그렇게 장수풍뎅이와 친구들은 재미있게 파티를 즐기고 행복하게 살았답니다.^^

1. 장수풍뎅이 이름 - 장풍이
2. 몸길이: 30~54mm (머리 뿔 제외), 30~85mm (머리 뿔 길이 포함 최대 90mm)로 체형은 굵고 튼튼하며, 몸 색깔은 전체적으로 밤색을 띤다.
3. 먹이: 곤충젤리, 과일(사과, 바나나 등), 나무진(좋아하는 것: 참나무진)일반적으로 설탕도 잘 먹음.

뚜기의 소풍
글·그림 이예준

어느 여름날 풀속에서 뚜기(메뚜기) 가족이 숲속으로 소풍을 가기 위해 점프하며 뛰어나왔다.

맛있는 샌드위치와 오렌지 주스를 가방에 넣어서 가고 있었다.

가는 길에 개울가 그늘에 쉬고 있는 요치(여치) 가족을 만났다.

"요치야, 같이 소풍갈래?"라고 물었다.

그러자 기다렸다는 듯

"응. 같이 갈래!"라고 말했다.

이렇게 뚜기네 가족과 요치네 가족은 다같이 소풍을 갔다. 가던 길에 매미가 '맴맴' 하고 우는 소리가 들렸다.

"요치야, 저기 나무에서 매미 우는소리 들리지?" 하고 뚜기가 물었다.

그러자 뚜기는 모른다는 듯 갸우뚱거렸다.

"매미는 짝짓기를 하기 위해서 수컷 매미가 암컷 매미를 부르는 소리라고 한단다."

뚜기 아빠가 설명해 주셨다.

그렇게 가던 길에 어느새 숲속에 도착했다.

"요치야, 우리 높이뛰기 시합할까?"라고 뚜기가 물었다.

"그래, 좋아." 요치도 좋다고 했다.

뚜기네 가족은 평소처럼 점프해서 높이 뛰어올랐다.

'이 정도쯤이야!'

이번에는 요치네 가족이 뛰어오르다가 그만 바닥에 '쿵' 하고 떨어지고 말았다.

"아아아아앙" 하고 요치가 울고 말았다.

높이뛰기 시합에서 지고만 요치가 이번에는 "뚜기야! 멀리뛰기 한번 어때?"라고 제안했다.

"좋아, 멀리 뛰는 것도 어렵지 않아."라고 뚜기는 자신 있게 대답했다.

요치네 가족이 먼저 멀리뛰기를 했다.

뒷다리의 힘이 좋은 요치는 힘껏 날아올랐다.

"오~ 요치! 대단한데!"

뚜기가 날아오르는 요치를 보고 감탄했다.

"요치야, 넌 멀리뛰기를 엄청 잘하는 친구였어."

"뚜기 넌 높이뛰기를 잘하는 친구잖아!"

높이뛰기와 멀리뛰기 시합에서 한 번씩 승리를 한 뚜기와 요치는 서로 안아주면서 서로에게 칭찬해 주었다.

시합이 끝나니 배가 고파왔다.
"자, 이제 맛있는 간식을 먹을 시간이야." 뚜기 엄마가 말했다.
"저희는 아무것도 가져오지 않았어요." 요치가 말했다.
"괜찮아. 우리가 가져온 간식을 같이 나누어 먹으면 된단다."
"감사합니다. 잘 먹겠습니다."
이렇게 뚜기네 가족이 준비해 온 맛있는 샌드위치와 오렌지 주스를 같이 나누어 먹었다.

간식을 먹은 후 뚜기네 가족과 요치네 가족은 누워서 잠시 쉬고 있었다.
그 때 하늘을 날으는 자자리(잠자리) 가족이 하늘을 날고 있었다.
"뚜기야, 요치야 여기서 뭐해?"라고 자자리가 물었다.
"응. 우린 소풍 와서 지금 쉬고 있는 중이야." 뚜기와 요치가 함께 대답했다.
"그렇구나. 내가 너희들 하늘을 날 수 있게 해줄까?"라고 자자리가 물었다.
"좋아! 좋아!" 뚜기와 요치가 소리쳤다.
"우와, 하늘에서 본 숲속은 이렇게도 넓구나!" 뚜기는 놀라웠다.

"진짜 넓고 아름다워!" 요치도 놀랍고 신기해했다.
이번에는 뚜기가 등에 업고 높이 점프하며 뛰어올랐다.
"와! 놀이기구를 타고 있는 것 같아." 자자리가 감탄했다.
"자자리야, 내 등에도 한번 올라와 봐." 요치가 등을 내밀었다.
"와! 진짜 하늘을 날듯 멀리 뛰어가네!" 자자리는 다리 힘이 센 요치에게 반했다.
뚜기네 가족끼리 오려고 했던 소풍이 요치와 자자리 가족과 함께여서 너무나도 즐거운 소풍이었다.

메뚜기

- 서식지: 주로 벼에서 서식합니다.
- 생김새: 더듬이가 상당히 짧고 두껍습니다.
- 날개가 약간 더 길고 배를 넘어갑니다.
- 녹색부터 황토색까지 다양한 색깔을 가졌고 종 수가 다양합니다.
- 사는 곳에 따라 보호색을 띄기도 합니다.

여치

- 서식지: 강변 둑이나 풀숲
- 생김새: 배가 통통하고, 더듬이가 붉은색입니다.
- 뒷다리를 마찰시켜 소리를 냅니다.
- 메뚜기보다 더듬이가 길고 가늡니다.
- 날개가 짧아서 배를 지나가지 않습니다.
- 종 수가 다양하지 않고 대부분 연한 녹색(연두색)을 띄고 있습니다.

무벌이의 귀신 퇴치
글·그림 이주안

"안녕? 나는 무당벌레! 나의 직업은 무당! 무당이 뭐냐면 귀신을 퇴치하는 일을 하지."

무당벌레 무벌이가 자신있게 자기소개를 연습하고 있다.

며칠 후 '띠리링' 소리가 들렸다.

"알림이 왔네!"

무벌이는 곧장 그곳으로 가보니 손님 한 명이 잔뜩 겁에 질린 표정으로 말했다.

"저기 누가 있어요!"

손님이 가리키는 곳은 창가 쪽이었다.

그쪽에 가까이 가보니 아무도 없었다.

"아무도 없는데, 왜 그러세요?"

갑자기 손님이 소리를 질렀다.

"아아악~~~~!"

벽 쪽을 다시 보니 흰 소복을 입은 여자가 있었다.

손님과 무벌이는 다급히 뛰어갔다. 멀리서 보는 사람들의 표정이 심상치 않았다. 모두가 손님과 무벌이를 눈이 휘둥그레지게 쳐다봤다.

무벌이와 손님은 그 때만 해도 몰랐다.

바로 뒤에 그 흰 소복을 입은 여자가 있다는 걸…….

무벌이와 손님은 한 기와집에 들어왔다.

"실례합니다. 누구 안 계세요?"

무벌이가 말해도 아무 대답이 없었다.

무벌이와 손님은 일단 들어가 보았다. 들어가 보니 또 다른 비슷한 여자가 있었다. 무벌이와 손님은 너무 놀라 말이 안 나왔다. 그 여자는 눈 깜짝할 사이에 점프를 해서 밖으로 사라졌다.

그 때 무벌이 귀에 무언가 있는 것을 손님이 발견했다.

"무벌씨! 귀에 그게 뭔가요?"

손님이 궁금해 물었지만 무벌이는 무전을 하느라 손님 질문을 못 들었다.

"지금 귀신들이 발견되었다! 모두 기찻길 옆 기와집으로 모여라 출동!!"

사람들 사이에 있던 무벌이 팀들이 하나둘씩 모여 기와집으로 출동했다.

사실 무벌이들 귀에는 비밀 무전 장치가 있었다. 그래서 비상시 무벌이 팀 요원들을 부를 수 있었다.

기와집에 무벌이 팀들이 순식간에 모였다.

대장 무벌이가 말하기 시작했다.

"내가 귀신들에게 몰래 위치추적기를 붙여두었다!!"

"역시 똑똑한 우리 대장님 최고!"

무벌이는 대장답게 행동이 빠르고 머리가 좋았다.

위치 추적 장치를 살펴보니 귀신들이 강물 속에 들어가 함께 작전을 짜고 있었다.

무벌이 팀은 귀신들을 땅으로 유인해 잡기로 했다.

긴 회의 끝에 귀신들이 춤과 노래를 좋아한다는 소문을 듣고 강가에 신나는 노래를 틀어두기로 했다.

노래를 틀어둔 지 10분이 지났을까?

귀신들이 물에서 나와 노래가 들리는 라디오에 다가오기 시작했다. 그리고 하나둘씩 춤을 추기 시작했다.

"앗싸! 신난다! 너도 나도 흔들어보자! 오예!"

그 때 무벌이와 팀들은 귀신들을 잡으러 다가갔다. 그런데 갑자기 숨어 있던 한 귀신이 무벌이의 소중한 목걸이를 뺏고 공격해서 그 자리에 무벌이가 쓰러졌다. 하지만 무벌이 팀은 춤추는

귀신들을 잡느라 쓰러진 무벌이 대장을 보지 못했다.
 그 때 구세주처럼 나타난 멋진 퇴마사가 귀신을 물리치고 뺏긴 목걸이도 무벌이에게 돌려주었다.

 정신을 차린 무벌이가 퇴마사에게 인사했다.
 "저를 살려주시고 소중한 목걸이도 찾아주셔서 감사합니다!"
 "지난번 나를 도와준 은혜를 이렇게 갚는구나!"

무벌이가 어릴 적에 퇴마사를 여러 번 도와주었다.

귀신을 퇴치한 무벌이 팀들은 그 마을에서 감사상을 받고 무벌이집에서는 상을 받은 기념으로 잔치를 열었다.

"오늘도 임무 완수! 얼른 자야겠다."

무벌이는 무전 장치를 충전시키고 두 다리 쫙 펴고 마음 편히 잠을 잤다.

주인공 무벌이는 무당벌레

무당벌레의 몸 길이는 7mm 정도이고 달걀 모양으로 약간 도도록 하며 아래쪽은 평평하다. 겉날개는 붉은 바탕에 검은 점무늬가 있다. 등이 빨간색이 대부분이지만 노란색 등 다른 색도 있다. 무당벌레는 생명의 위협을 느끼면 고약한 액체를 분비한다. 진딧물을 잡아먹으며 한국, 일본, 중국, 대만 등지에 분포한다. 우리나라에 서식하는 무당벌레류는 약 90여 종 이상이며 모두 포식성이다. 수명은 약 2년 정도이며 번식기간은 여름에 약 100여 마리의 알을 낳는다.

10월 중하순경부터 남향으로 위치한 바위나 담같이 양지바른 곳에 수천 마리씩 모여드는 특성이 있다.

슴벌이의 행복
글·그림 이지오

 참나무가 우거진 숲속에 사슴벌레들이 시끌벅적하게 살고 있었습니다.
 사슴벌레들은 언제나 멋진 두 뿔을 가지고 하는 대결에서 승리하기 위해 열심히 훈련을 했습니다.
 두 뿔을 더 힘세고 튼튼하게 하기 위해 나무 찌르기, 돌맹이 던지기, 땅파기연습을 했습니다. 그래서 이 마을의 사슴벌레 헬스장은 항상 붐볐습니다.
 어느 날, 가장 강한 사슴벌레를 뽑는 〈최강 사슴벌레 챔피언리그〉가 열린다는 소식이 들렸습니다.
 슴벌이는 대회를 기대하는 친구들과는 달리 겁이 났습니다. 친구들은 평소보다 더 열심히 훈련하자고 했습니다.
 "슴벌아! 우리 내일은 일대일 격투 연습을 하자. 어때?"

"미안해. 내일은 숙제가 많아서 연습을 못 하겠어. 다른 친구와 연습하는 게 좋겠다."

슴벌이는 훈련을 피하고 싶은 기분이 들었습니다.
뿔을 부딪치러 달려오는 친구는 생각만 해도 두려웠습니다.
다음 날, 친구들은 두 뿔을 단련시킬 생각으로 서둘러 체육관으로 가고 있었습니다.

그 때 숲에서 혼자 이리저리 날고 있던 슴벌이와 친구들이 딱

마주치고 말았습니다. 어제 같이 격투 연습을 하자던 슴슴이는 궁금한 표정으로 물었습니다.

"슴벌아! 너 어제 숙제가 많아서 연습하지 못한다고 했잖아. 뭐하고 있어?"

"아… 그게… 숙제가 빨리 끝났어."

"잘됐다. 그럼, 지금 같이 연습하러 갈래?"

"……."

슴벌이는 슴슴이의 말에 아무말도 하지 못했습니다.
그러자 왕뿔이가 장난스럽게 말했습니다.

"너 혹시 격투 연습이 무서운 거 아냐?"
순간, 슴벌이는 속마음을 다 들킨 것만 같아서 창피하고 눈물이 핑 돌았습니다. 친구들은 무서워서 도망간 거냐며 웃었습니다.
슴벌이는 친구들을 뒤로하고 그 자리를 뛰쳐 나갔습니다.
그리고 슴벌이는 며칠 동안 좋아하는 비행만 하며 혼자 외롭게 지냈습니다.
어쩐지 혼자 있는 건 외로웠지만 하늘을 훨훨 나는 슴벌이는 자유롭고 행복한 기분이 들었습니다. 슴벌이는 나는 게 좋아서 낮이고, 밤이고 멀리멀리 날았습니다. 어떤 날은 새들보다 더 빨리 쌩쌩 날기도 했습니다.

그러다 보니 슴벌이는 나날이 비행 실력이 늘었습니다.

어느 날, 슴벌이는 그날도 깊은 숲속을 비행하며 시원한 바람을 맞는 여유를 즐기고 있었습니다. 그 때 선생님을 만났습니다. 그래서 슴벌이는 반가운 마음에 인사를 했습니다.

"안녕하세요. 선생님."

"슴벌아, 안녕? 방학 잘 보내고 있니?"

"아… 네…."

"다른 친구들은 최강 사슴벌레 챔피언리그 준비로 바쁘더구나. 너는 잘 준비하고 있니?"

"사실은… 선생님, 저는… 사슴벌레지만 뿔로 대결하는 것이 너무 무서워요. 그래서 대회는커녕 연습하는 것조차 힘들었어요. 친구들은 멋진 뿔을 가진 사슴벌레가 되는 것만 중요한가 봐요. 저는 왜 잘 못할까요? 언제쯤 멋진 사슴벌레가 될까요?"

슴벌이는 자기도 모르게 선생님께 속상한 마음을 털어 놓았습니다.

선생님께서는 따뜻하게 웃으시며 말했습니다.

"슴벌아! 너는 지금도 충분히 멋진 사슴벌레란다."

"에이… 저는 겁쟁이인걸요. 대결을 무서워하는 한심한 사슴벌레잖아요."

"그렇게 생각하니? 그럼, 내일 선생님을 따라가 보자. 너에게 보여줄 게 있어."

다음 날, 슴벌이는 선생님을 찾아갔습니다. 선생님은 슴벌이를 멀리 옆동네까지 데려갔습니다.

옆동네도 시끄럽고 분주했습니다.

"선생님! 이 마을도 우리처럼 큰 행사가 있나 봐요."

"그런가 보구나, 저길 보렴."

선생님이 가리킨 곳은 〈세계 최강 곤충 비행대회〉라고 적혀 있는 크나 큰 현수막이 보였습니다.

그곳에서는 태어나서 본 적 없는 다양한 곤충들을 볼 수 있었습니다.

멋진 날개를 가지고 우아하게 날고 있는 나비, 네 개의 날개로 빠르게 날아가는 잠자리, 윙윙 빙글빙글 춤추며 날아가는 꿀벌까지. 멋진 비행사들이 한곳에 모여 있었습니다.

슴벌이는 그들이 멋지게 각자의 방식으로 비행하는 모습을 보니 왜인지 가슴이 두근거렸습니다.

슴벌이가 친구들이 나는 것을 보고 자기도 모르게 날아다니기 시작했습니다. 그러자 많은 비행하던 곤충들이 놀랐습니다. 그리고 그 곤충들은 슴벌이에게로 다가와 칭찬하기 시작했습니다.

"너 진짜 비행 실력이 대단하구나!" 잠자리가 말했습니다.

"넌 참 멋진 날개를 가졌네." 나비가 웃으며 말했습니다.

"멀리서 봤는데 네가 빙글빙글 돌면서 곡예비행 할 때 우린 네가 훌륭하다고 생각했어."

꿀벌들도 다가와서 환호하면서 말했습니다. 친구들은 경기에서 만나자며 웃으며 돌아갔습니다.

슴벌이는 친구들에게 이야기를 듣자 얼떨떨하면서도 비행대회가 궁금해졌습니다. 슴벌이는 자신을 지켜보던 선생님께 다가가 말했습니다.

"선생님 저도 저 친구들과 함께 비행대회에 출전하고 싶어요."

"그러렴. 슴벌이가 멋진 생각을 했구나. 좋은 경험이 될 거야.

선생님이 응원해 줄게."

선생님은 웃으시며 말했습니다.

선생님이 응원해 주신다고 하니 슴벌이는 떨리던 마음이 차분해지면서 경기를 신청할 수 있었습니다.

경기 시작 전 슴벌이는 떨리는 마음으로 선생님께 물었습니다.

"선생님 제가 잘 해낼 수 있을까요?"

"물론이지. 슴벌아, 너는 선생님이 본 곤충 중에 가장 비행을 사랑하는 친구란다. 그리고 선생님은 슴벌이의 비행이 가장 멋지고 감동적이었어."

"맞아요! 선생님 저는 비행을 좋아해요. 날 때는 정말 행복해요."

슴벌이는 더 이상 대회에 나가는 것이 두렵지 않았습니다.

슴벌이는 힘차게 대회장으로 들어갔습니다.

다양한 비행 대회에서 가지 각색의 비행사들을 보니 텅빈 마음이 꽉 채워진 기분이 들었습니다.

슴벌이는 처음 대회에 출전했지만 최선을 다하겠다고 생각했습니다.

그리고 여러 종목의 경기에 참여할 때마다 다양한 비행사들과 비행 기술들을 보며 감탄했습니다.

'멋진 친구들이 이렇게 많다니.' 설레는 마음으로 열심히 응원도 했습니다.

그리고 경기가 끝나고 시상식이 시작되었습니다.

슴벌이는 옆에 있는 친구들에게 "너의 비행은 아주 멋있었어!"라고 인사하고 있었습니다.

그렇게 서로에게 인사를 나누던 중, 슴벌이의 이름이 들려왔습니다.

"세계 최강! 곤충 비행대회의 우승자를 발표하겠습니다! 사슴벌레 마을의 대표 사.슴.벌!! 축하드립니다. 시상대 앞으로 나와주세요."

슴벌이는 놀란 채 움직이지 못하고 동그란 눈으로 앞만 바라봤습니다.

그 때 박수 소리와 함께 선생님의 목소리가 들렸습니다.

"슴벌아, 네가 어떤 사슴벌레인지 잘 알겠지? 어서 앞으로 나

가보렴."

슴벌이는 떨리는 마음으로 앞으로 나가 1등 시상대에 올랐습니다.

수많은 관중들의 환호가 슴벌이에게 쏟아졌습니다.

슴벌이는 눈물이 왈칵 날 정도로 행복했고 가슴벅찼습니다.

슴벌이는 여전히 결투가 두려웠지만 슴벌이 스스로가 충분히 자랑스러웠습니다.

사마귀는 내 친구
글·그림 채윤우

제 1장

나는 사마귀다.
숲속 곤충들의 왕이다.
모두 나를 무서워한다.
내가 나타나면 곤충들이 다 도망간다.

왜 다들 나를 무서워하지? 내가 무섭게 생겼나?!

하긴! 무시무시한 앞발과 나의 커다란 눈 ㅎㅎ
아무도 나에게 덤비지 못하지!! 근데 다들 도망가니까 심심하긴 한데.

누가 나랑 놀 곤충들 없어? 어이~~ 무당벌레야!
나랑 같이 놀자! 어? 메뚜기다! 메뚜기야! 나랑 같이 놀지 않을래?
앞발로 호잇 호잇!
나를 본 곤충들이 놀라 팔짝 팔짝 뛴다.
그만 도망가! 사실 난 너희들과 놀고 싶을 뿐이야.

제 2장

조용히 풀에 앉아서 쉬고 있는데 앞에 무당벌레가 날아왔다.
배가 고파서 무당벌레 잡아먹을까? 잠시 생각도 했지만 같이 놀아줄 곤충 친구가 더 필요했다.

그래 이젠 곤충 친구들과 사이좋게 지내고 배가 고프면 꿀벌들처럼 꽃의 꿀을 빨아 먹어야지. ㅎㅎ
옆에 날아온 무당벌레가 날 보고 바로 날아가 버리려 할 때였다.

제3장

무당벌레야~ 도망가지 마.
사실 난 너를 잡아먹으려는 게 아니야!

같이 놀고 싶어서 그래.~

놀란 눈을 한 빨간 무당벌레가 말을 했다.

사마귀야 날 잡아먹으려 한 게 아니었니? 그동안 우리가 오해하고 있었구나.

우리는 네가 잡아먹을까 봐 계속 도망갔던 거야.

이제 알았으니까 도망 안 갈게. ㅎㅎ

같이 풀숲 날아다니며 놀자~~

그렇게 무당벌레와 사마귀는 친구가 되어서 재미있게 놀았습니다.

그러자 다른 곤충들도 날아와서 보고는 우와! 사마귀가 무당벌레랑 놀고 있네?

우리도 같이 놀자~~

곤충들이 이제 나를 무서워하지 않고 같이 놀자고 날아왔다.

메뚜기, 무당벌레, 장수풍뎅이, 나비들이랑 같이 나뭇잎 미끄럼, 미끄럼틀도 타고 꽃잎 꿀도 먹고 나무 그늘 아래서 누가 날갯짓을 더 잘하나 뽐도 내고 아주 행복한 날을 보냈다.

장수풍뎅이의 축구경기!

글·그림: 추승훈

트로피

장수풍뎅이의 축구 경기
글·그림 추승훈

<1장>

'튼튼이'라는 이름의 장수풍뎅이는 다리와 몸통이 굵고 힘이 세서 최강 곤충이라 불린다. 숲에 있는 참나무에서 발견되고 오래된 나무에서 흐르는 진을 먹고 살며 크고 튼튼한 다리와 뿔, 갑옷을 갖고 있다. 튼튼이는 미국에서 곤충 학교를 다니고 있으며 힘이 아주 세고 몸싸움을 잘하는 축구선수로 활동하고 있다. 그리고 학교에서 축구를 제일 잘하기로 유명하다.

<2장>

장수풍뎅이 팀과 사슴벌레 팀이 학교 운동장에서 축구 경기를

펼치고 있다. 사슴벌레 팀이 1대 0으로 앞서고 있는데, 장수풍뎅이 팀이 사슴벌레 팀의 발을 차는 태클을 걸어 패널티킥을 얻게 되었다. 사슴벌레 팀이 패널티킥을 성공시키면서 2대 0이 되었다.

그 후 장수풍뎅이 팀이 코너킥을 얻었는데 키가 큰 튼튼이가 헤딩 슛을 골로 연결시켰다. 치열한 경기 중 사슴벌레 팀이 반칙을 당하면서 튼튼이가 경고를 받았다. 사슴벌레가 프리킥 한 공을 튼튼이가 바로 빼앗아 단독 드리블을 하여 골을 넣었다. 2대 2 무승부의 상황에서 사슴벌레 팀이 골대 앞에서 백태클을 하여 퇴장을 당했다. 패널티킥을 얻은 장수풍뎅이 팀은 기뻐하며 튼튼이가 공 찰 준비를 했다. 튼튼이가 패널티킥을 가볍게 성공시켜 장수풍뎅이 팀이 3대 2로 역전하며 승리를 하게 되었다.

〈3장〉

어느 날, 헤라클래스라는 장수풍뎅이 팀이 전학을 왔다. 헤라클래스 팀은 튼튼이 팀보다 축구를 더 잘하는 친구들이다. 그래서 튼튼이가 축구 1위 자리를 빼앗기게 생겼다.

장수풍뎅이 팀은 "우리가 1위를 빼앗기겠잖아.", "우리보다 더 강한 상대래."라며 다들 울먹이며 말했다. 그래서 튼튼이가 더 열심히 훈련을 했다.

그리고 대결을 붙어서 2대 1로 헤라클래스 팀이 이겼다. "역시 난 세계 최강 헤라클래스야. 우리가 최고야."라며 헤라클래스가 으스대며 말했다.

자존심이 상한 튼튼이는 매일 열심히 훈련을 했다.

다음 대회에서 헤라클래스와 다시 결승전을 했는데 0대 0으로 무승부로 경기가 끝나 승부차기를 했다. 승부차기의 긴장감이 돌고 골키퍼가 몸을 풀었다. 두 팀 다 멋진 슛으로 골망을 흔들며 승부차기는 5대 5 무승부 상태가 되었다. 그래서 마지막 키커로 골키퍼가 승부차기를 찼다. 장수풍뎅이 팀의 골키퍼가 먼저 성공을 시키며 우승 앞으로 한 발짝 다가갔다. 헤라클래스 팀 골키퍼의 슛을 장수풍뎅이 팀의 골키퍼가 멋지게 막아내며 6대 5로 장수풍뎅이 팀이 이겼다. 장수풍뎅이 팀은 힘든 경기를 승리하면서 다시 1위가 되었다. "역시 우리는 장수풍뎅이 팀이야."라며 장수풍뎅이 팀이 기뻐했다.

〈4장〉

그 후 곤충 FA컵 전국대회에 나간 장수풍뎅이 팀은 애사슴벌레 팀과 결승전에서 만나게 되었다. 상대가 애사슴벌레였고 너무 강한 팀이었다. 마지막 날까지 훈련을 열심히 했다. 그런데 에이스인 튼튼이가 훈련을 하다가 부상을 당하며 애사슴벌레 팀과의 경기에 못 나오게 되었다. 튼튼이가 빠진 채로 애사슴벌레

팀과의 경기를 시작했고 1대 0으로 애사슴벌레 팀이 승리하며 우승 트로피를 받았다.

튼튼이가 말했다.

"다음에는 반드시 내가 이기고 말 거야!"

〈5장〉

튼튼이는 1년 동안 열심히 치료해서 회복을 했고 훈련에 참가하였다. 그 누구보다 열심히 노력했고, 힘들어도 포기할 수 없었다. 장수풍뎅이 팀은 곤충FA컵 32강에 진출하였다. 기라파사슴벌레를 7대 2로 가볍게 이겼다. 그리고 16강에서 상대인 애사슴벌레가 너무 어려웠지만 발리슛을 성공시키며 1대 0으로 승리를 하였다. 8강전에서 사마귀는 너무 강한 슛팅을 많이 했지만 골키퍼가 슈퍼세이브를 하며 결국 장수풍뎅이 팀이 2대 1로 승리를 했다. 4강에서는 사슴벌레 팀과 대결하여 9대 0으로 장수풍뎅이 팀이 대승리를 거두었다. 결승전은 외뿔장수풍뎅이 팀과 경기를 하여 3대 1로 장수풍뎅이 팀이 승리하였다. 그리하여 장수풍뎅이 팀은 결국 곤충 FA컵 우승 트로피를 받게 되었다.

튼튼이는 너무 행복했고 관중들은 기쁨의 환호를 질렀다.

곧이어 우승팀의 MVP인 튼튼이의 인터뷰가 연결되었다. 해설과 캐스터가 물었다.

"어떻게 골을 넣을 수 있었나요?"
"포기하지 않고 끝까지 집중하여 골을 넣게 되었습니다. 그리

고 함께한 팀원들의 도움이 컸습니다."라고 튼튼이는 대답을 하였다. 이어서 "저를 끝까지 응원해 주셔서 고맙고 너무 감사합니다."라고 튼튼이는 관중들에게 감사의 인사를 전했다.

  튼튼이는 축구 경기를 하며 위기가 많이 찾아오고 어려움이 있었지만 그 때마다 포기하지 않고 끝까지 노력하는 선수로 오래 기억될 것이다.

풀숲의 노래

글, 그림: 김다율

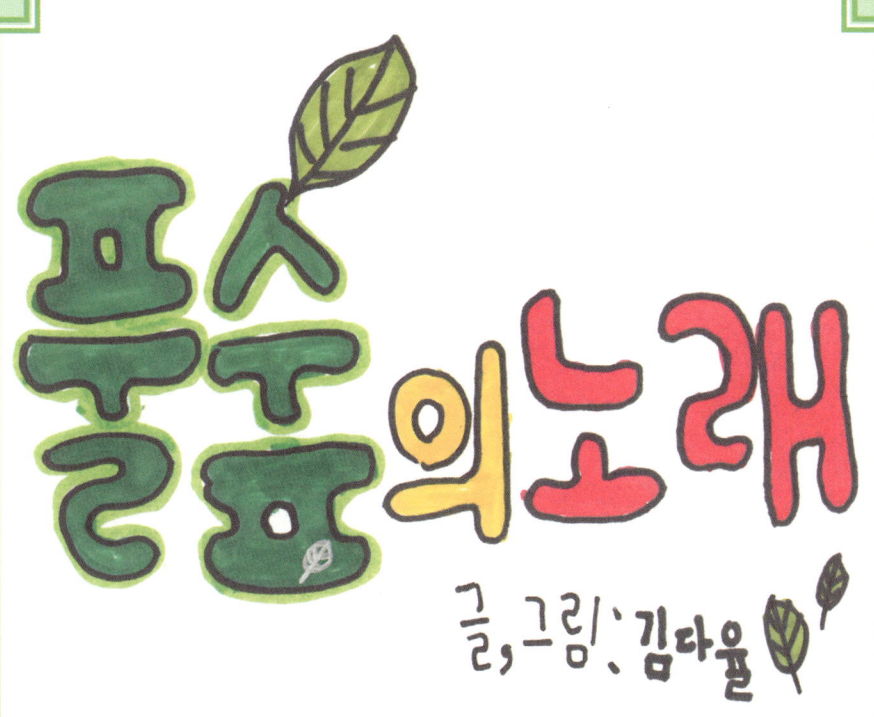

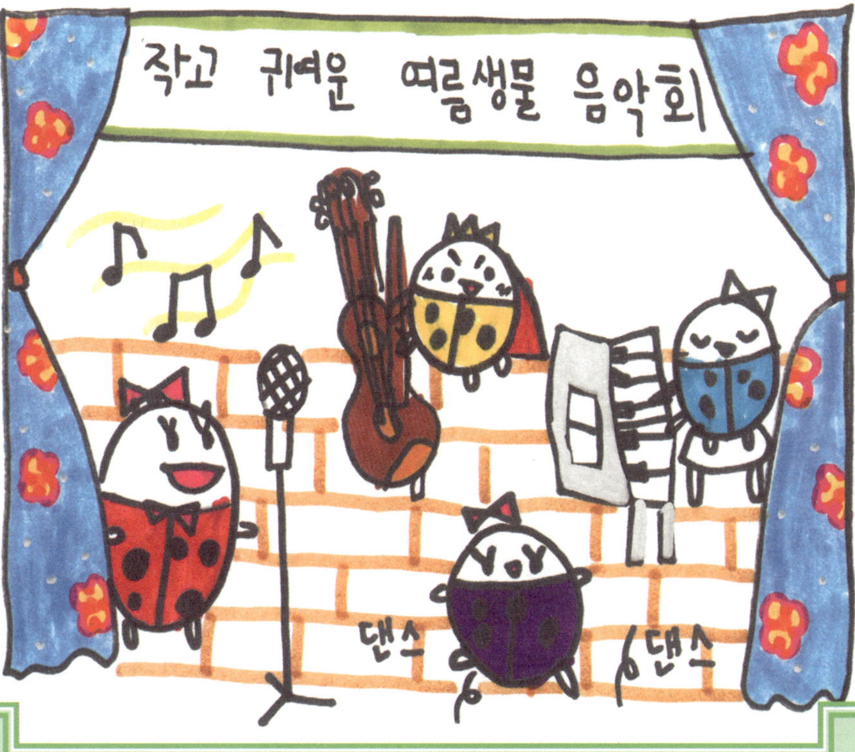

작고 귀여운 여름생물 음악회
댄스
댄스

풀숲의 노래
글·그림 김다율

　초록초록 풀숲이 우거진 이곳은 멋진 곤충들이 행복하게 어우러져 살고 있는 풀꽃 마을이야. 해가 쨍쨍 바람도 적당한 어느 날 평화로운 무당벌레 마을에 멋진 음악회가 열렸어.
　오늘은 바로바로 무당벌레 마을의 제일 귀염둥이 삐율이의 생일이기 때문이지!

　가족: 삐율아. 생일 정말 정말 축하해~!
　또율: 내가 너의 생일 선물을 준비했어.
　삐율: 우와, 선물이 뭐야??
　또율: 바로바로~ 아기 무당벌레 인형!!
　삐율: 꺄악 언니 정말 고마워^^*

삐율이 아빠가 생일을 위해 멋진 음악회를 준비하고 마을 친구들에게 초대장을 보냈는데 생각지도 못한 숫자, 300만 명이 모인 거야!!! 이 많은 무당벌레들은 여러 종류가 있는데 그 크기와 색, 무늬가 모두 달라. 무당벌레의 몸은 단단한 외골격으로 되어 있고, 뒷날개를 보호하는 딱지날개를 가지며 더듬이는 11마디나! 우와~ 특히 이들의 화려한 등딱지는 굿판에 나오는 무당의 옷과 비슷하며 천적들에게 경고하는 메시지를 담고 있어.
"나를 잡아먹으면 배탈이 날 수 있다!"

삐율이의 가족은 음악회의 시작을 알렸고 300만 무당벌레들의 환호와 박수로 음악회가 열렸어!
"제1회 풀숲의 음악회를 시작합니다! 빰빠라밤 밤바밤 밤바라밤!!!"
음악회가 한창인데 저 풀숲 사이로 빼꼼~ 왠지 진딧물인 것만 같은 형상이 보였어.
'어? 저기 수상한 뭔가 보이는데… 잘못 본 거겠지'
또율이는 다시 노래를 시작했어.
대망의 마지막 곡 삐율이의 생일 축하노래를 관객과 함께 부르려 하는 찰나, 무당벌레들의 천적! 숨어 있던 진딧물들이 나타나 무대를 장악하고 주인공 삐율이를 휘리릭 데려가 버렸다!!!!!!!!
"꺄악~~"

순간 놀란 삐율이 가족들은 정지!

그러나 재빠르게 그들을 쫓아갔어!!

평소 진딧물 무리에게 이기기 위해 헬스장을 열심히 다니고 태권도, 격투기도 배웠던 삐율이 아빠는 절대 두렵지 않았어.

'내가 다 무찔러 주겠어!'

몸 속에 팔살기를 숨긴 엄마 무당벌레와 또율이는 조금은 두렵지만 용기를 냈고 마침내 그들을 찾아냈지.

감옥에 갇힌 삐율이를 보았는데 무리들에 둘러싸여 있어 우리는 작전이 필요했어.

그동안 준비했던 힘을 쓸 때가 된 거 같아.

근육을 부풀리고 필살기를 모아 모아 삐율이를 구하러 go go

go!

아빠 무당벌레는 진딧물 무리 뒤로 살금살금 다가가 격투장에서 배운 데스티니 펀치를 날리고 공포의 발차기를 한 번에!

"잘 봐. 으라차차! 어때 내 격투기 실력이!"

엄마 무당벌레는 죽은 척 몸을 뒤집고 진딧물들이 다가올 때 필살기 물을 뿜어 촤촤촤!!!

"어때 내 고약한 냄새 나는 필살기!"

"우리의 힘이 또 보고 싶으면 언제든지 말해. 이 어리석은 진딧물들아! 하하하하!!"

아빠와 가족들은 삐율이에게 달려가 힘껏 안아주었어.
"아빠~~~~ 엄마~~ 언니~~~~~!!!!! 으아아앙…. ㅜㅜ"
"삐율아 괜찮아???"
"다친 데는 없어?? 얼마나 걱정했다구!"
"흑흑…. 언니는 삐율이 없으면 못 살아!!"
"으앙…. 엄마아아아아!!!!"

이렇게 삐율이 가족은 모두 무사히 풀숲으로 돌아오게 되었어.
연주장에 남아 있던 무당벌레 친구들은 삐율이를 구해온 가족들에게 환호와 위로를 보냈어.

무당벌레1: 너희들은 정말 용감했어!

무당벌레2: 모두가 걱정했어요. 정말 다행이에요.

삐율이 아빠: 모두가 걱정해 준 덕분입니다. 정말 감사해요!

또율: 아빠~ 우리 아까 전에 못한 삐율이 생일 축하 노래를 불러줘요.~^^

다같이: 생일 축하합니다. 생일 축하합니다. 사랑하는 삐율이 생일 축하합니다. 박수!!!

평화로울 줄만 알았던 음악회에 잠시 소란이 있었지만 용감한 삐율이 가족 덕분에 결국 평화로운 마무리를 할 수 있었답니다~!!

무당벌레의 특징

무당벌레는 몸의 길이는 7~9mm, 유충과 성충 기간 모두 진딧물을 포식한다.

우리나라에 서식하는 무당벌레류는 약 90여 종 이상이며 모두 포식성이다. 딱정벌레목 무당벌레과에 속하는 작은 곤충으로 산이나 들의 진딧물이 사는 곳이면 어디에서나 서식하며 여름을 전후하여 번식하고, 겨울을 앞두고는 성충들이 크게 무리를 이루어 풀과 낙엽 밑, 건물 안등의 특정한 장소로 이동해 겨울을 지내는 습성이 있다.

성충으로 방사하였을 경우 진딧물을 포식한 다음 날부터 하루에 30개 이상의 알을 낳으며, 산란된 알은 노란색으로 3~4일 후면 유충으로 부화되어 유충들이 진딧물 포식을 한다.

진딧물을 주로 포식하지만 온실 가루이 약충, 응애류, 나방류의 알 등도 포식하며, 유충과 성충기간에 약 1,000마리의 진딧물을 포식한다. 알→유충→번데기→성충의 단계를 거치며, 봄과 가을철의 경우에는 알에서 성충까지 약 21~25일이 걸린다. 성충 수명은 약 2~3개월 정도다.

무당벌레와 사마귀의 모험

지금부터 읽어요!

글/그림

김민서

이야기에서 만나요!

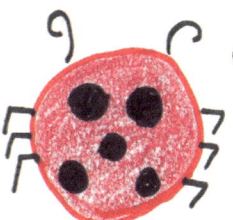

무당이와 사마귀의 모험
글•그림 김민서

1장 〈무당벌레의 친구〉

어느 날, '무당이'라는 무당벌레가 엄마의 부탁을 받아 마켓에 갔어요. 엄마는 마트까지 바로 갔다가 빨리 돌아오라고 했어요. 그런데 예쁜 꽃에 정신이 팔려서 길을 잃어버렸어요.

그 때 사마귀가 나타나서 무당이를 도와주었어요. 무당이는 사마귀가 도움을 주어 고마웠어요.

그런데 그 때 한 아이가 나타나 무당이와 사마귀를 신기하게 쳐다보다가 채집통에 잡아갔어요.

2장 〈무당이와 사마귀의 탈출〉

 그 아이의 엄마가 채집통에 담겨져 있는 사마귀와 무당이를 보고 당장 풀어주라고 했어요. 아이는 풀어줄까 말까 고민을 하다 잠이 들었어요. 그런데 채집통이 살짝 열려져 있었어요. 기회를 엿보다 무당이와 사마귀는 그 틈으로 탈출을 하였어요. 둘은 함께 탈출을 하면서 더 친해지게 되었어요.

3장 〈무당이의 진짜 모험의 시작〉

무당이와 사마귀는 탈출하고 너무 신이 났어요. 둘은 항상 함께 지냈어요. 집에 가는 것을 잊고 카페와 마트 같은 동네를 돌아다녔어요.

시장에서 무당이와 사마귀는 즐거웠지만 무당이 엄마는 며칠이 지나도 집으로 돌아오지 않는 무당이가 걱정이 되었어요.

그래서 무당이를 찾으러 나갔어요.

4장 <무당이와 사마귀의 벌>

그 모습을 본 엄마가 곤충 나라의 왕에게 모든 것을 얘기했어요. 그러자 왕이 무당이와 사마귀를 감옥에 가두었어요.

왜냐하면 엄마와의 약속을 어겼기 때문이에요.

한편 무당이와 사마귀는 부모님께 혼날까 봐 걱정이 되어 아무것도 먹지 못했어요. 그 모습을 본 무당이의 엄마와 아빠는 슬프고 속상했어요. 그래서 왕에게 무당이와 사마귀를 용서해달라고 꺼내달라고 했지만 왕은 무당이, 사마귀에게 벌을 줘야 한다고 했어요.

5장 〈아기 메뚜기 키우기 그리고 용서〉

무당이의 엄마와 아빠가 왕에게 간절하게 부탁해서 마침내 무당이와 사마귀를 감옥에서 꺼내주었어요. 왕은 그 대신 엄마 말을 잘 듣기로 약속하자고 했고 무당이와 사마귀는 알겠다고 했어요. 그런데 무당이와 사마귀는 엄마의 말을 듣지 않고 놀기에 바빴어요. 왕이 그 소식을 듣고 화가 나서 다시 무당이와 사마귀를 잡으러 왔어요. 왕은 무당이와 사마귀에게 아기 메뚜기를 돌보는 벌을 내렸어요. 하루 동안 아기 메뚜기를 잘 돌본다면 용서해 주겠지만 아기 메뚜기에게 문제가 생기면 곤충 나라에서 쫓아낸다고 했어요.

아기 메뚜기들은 무당이와 사마귀의 말을 듣지 않고 이리저리 뛰어다녔어요. 무당이와 사마귀는 힘들었지만 최선을 다해서 돌보았어요.

하지만 아기 메뚜기 한 마리가 사라져 길을 지나가던 무당이의 친구 나비가 발견해서 무당이에게 데려다 주었어요. 무당이와 사마귀는 정말 다행이라고 생각했어요.

다음날 아침까지 아기 메뚜기들을 잘 돌보았고 왕에게 용서를 받았어요.

무당이와 사마귀는 집으로 돌아가서 엄마에게 그동안 있었던 일을 모두 말했어요. 무당이 엄마와 아빠는 무당이를 꼭 안아주었어요.

무당벌레

무당벌레라는 이름은 무당처럼 화려한 색을 하고 있는 데서 유래했다. 진딧물을 먹고 사는 익충이며 새빨간 몸에 까만 점이 있어서 알록달록 예쁘게 보인다.

몸은 길이 5~8mm이며, 둥근 원형이고, 색깔은 주로 주황색 또는 주홍색을 띠며 검은색을 띤 개체도 있다. 앞가슴등판의 양옆은 둥글고 흰색이며, 가운데는 검정색 또는 띠 모양의 검은 무늬가 있다. 등 쪽의 무늬는 변이가 매우 심한데, 일반적으로 주황색 또는 주홍색으로 검은 점들이 나 있거나 간혹 없는 개체도 있다. 몸 전체에 검은색에 노란색 또는 주홍색의 큰 반점을 지니고 있다. 전국에 서식하며, 세계적으로 러시아, 일본, 중국, 타이완 등지에 분포한다.

영원한 삼총사
글·그림 김소윤

1. 뚜기의 2단 옆차기

오늘은 메뚜기 뚜기가 전학을 오는 날이에요. 학교 이름은 '뛰어라 곤충 학교'입니다.

뚜기는 학교 가는 길에 사마귀 사마를 만났어요.

"야! 돈 내놔!!"

학교에서 악명 높은 문제 학생인데 방금 전학 온 뚜기는 알 수가 없었습니다. 뚜기는 갑자기 일어난 일이라 당황하고 무서웠어요.

머뭇거리고 있던 찰나 뚜뚜가 사마귀 사마한테 공격했어요. 이 일로 뚜뚜와 뚜기는 첫 만남이 되었답니다. 당연히 친해졌습니다. 학교도 같이 가고, 놀이공원에서 롤러코스터도 같이 타고, 탕후루도 같이 먹는 소중한 친구가 되었답니다.

그러던 어느 날….

그 때 뚜뚜한테 억울하게 당한 사마귀 사마가 복수하기 위해 풀숲에 숨어 있다가 뚜뚜를 공격했어요.

이번엔 뚜기가 2단 옆차기로 실력 발휘를 해서 사마귀 사마를 무찔렀답니다. 사실 뚜기는 태권도 검정 띠였는데 그 땐 당황해서 꼼짝을 할 수 없었습니다.

"폴랄라~폴짝 폴랄라~폴짝♬"

어깨동무하면서 뚜기와 뚜뚜는 집으로 걸어가는데 전봇대에 붙어 있는 전단을 보게 됩니다.

'한마음 곤충 운동회'

두 눈이 휘둥그레진 뚜기와 뚜뚜는 참가신청서를 내기 위해 콧노래를 부르며 뛰어갔습니다.

2. 한마음 곤충 운동회

기다리고 기다린 '한마음 곤충 운동회'가 열렸습니다.

경기 종목은 '멀리뛰기'입니다.

"아아~ 자, 참가자들 다 모였나요?"

꿀벌 심판이 선수들의 이름을 불러 확인했습니다.

1번 선수 뚜기

2번 선수 뚜뚜

3번 선수 사마

4번 선수 깨비입니다.

"하나, 둘, 셋, 탕!!"

꿀벌 심판이 총을 쏘자 선수들이 한꺼번에 뛰어올랐습니다.

방아깨비인 깨비는 높이뛰기인 줄 알고 최대한 높이 뛰었습니다. 경기 결과 가장 멀리 뛴 뚜기와 뚜뚜는 공동 1등, 깨비는 꼴등~ 공동 1등한 뚜기와 뚜뚜는 신이 나서 "야호!!"라고 외쳤습니다. 뚜기는 뒷날개와 앞날개를 활짝 펴고는 파드닥 소리를 내며 위 아래로 흔들었습니다. 깨비는 잘못 알았다면서 심판한테 항의했습니다. 꼴등을 한 깨비는 억울해서 막 울었습니다. 높이뛰기인 줄 착각했나 봐요. 하지만 모두에게 심판은 말했습니다.

"이 운동회는 한마음 운동회입니다. 꼴등 없는 운동회라고요."

참가자 모두에게 상금이 돌아가고 제일 중요한 건 '응원을 제일 열심히 해서 목이 쉰 곤충'에게 상금이 더 많이 돌아간다고 말했습니다. 상금을 받은 뚜기와 뚜뚜, 깨비는 기분이 좋아 집으로 가는 길에 엄마가 제일 좋아하는 '겉은 바삭, 속은 촉촉이 콩칩'을 사서 돌아갔답니다.

3. 우리는 영원한 친구

　다 같이 편의점에 가서 '강아지풀 컵라면'을 먹고 있는데, 깨비가 내일 야구를 보러 가자고 했습니다. 야구를 좋아하는 깨비는 삼성 팬이었답니다. 야구 표 일정에 관해 얘기를 하고 있는데 순간 아이의 손이 다가와 깨비를 잡으려 했습니다. 그 때 파리지옥이 깨비를 잡으려 했던 아이의 손을 물었습니다. 그 아이는 상처가 생겨 소리를 지르고 뛰어갔습니다. 무더운 여름 날씨라 편의점 주인이 벌레 때문에 '파리지옥 화초'를 키우고 있어 파리지옥의 도움을 받을 수 있었습니다. 깨비는 파리지옥에게 고마워서 편의점에서 산 이어폰을 선물했습니다.

　목숨을 잃을 뻔한 깨비가 무사해서 '콩잎 셰이크'로 축하 파티를 하고 좋은 만남과 진정한 우정을 맺기 위한 삼총사 이름을 정하기로 했습니다.

　"무적의 삼총사 어때?" 깨비가 말했어요.

　"그건 촌스러운데?" 뚜기와 뚜뚜가 말했습니다.

　"영원한 삼총사 어때?"

　뚜기와 뚜뚜가 동시에 "좋아! 좋아!" 말했습니다.

　영원한 삼총사는 영원히 서로 비밀 얘기도 하고 슬플 때도 옆에 있어 줄 수 있는 영원한 친구가 될 수 있을까요?

4. 사라진 사마와 친구들

그 후로 12년 뒤, 삼총사들은 계속 우정을 쌓아가며 만남을 계속했습니다. 그사이 작은 삼총사들은 어른이 되었습니다. 풀밭 위에서 좋아하는 '강아지풀 컵라면'을 먹고 있는데 지나가던 사마와 친구들이 먼저 시비를 걸었습니다.

"안녕!! 오늘을 기다렸다. 으하하~"

오랫동안 삼총사를 찾아다녔다며 무섭게 인사를 했습니다.

사마와 친구들은 어릴 때부터 나쁜 짓을 하고 다녔습니다. 동네에서도 골칫거리였습니다.

사마와 친구들은 삼총사를 향해 무섭게 돌진했습니다.

갑작스레 일어난 일이라 처음엔 삼총사는 일방적으로 당했지만, 마지막엔 삼총사가 서로 힘을 합쳐 물리쳤습니다. 오늘은 무사히 지나갔지만, 또 나타날 것 같은 예감이 들었습니다.

그 때 깨비가 경찰에 신고했습니다. 마을의 골칫거리인 사마와 친구들이 왔다는 제보에 노린재 '뿡뿡이 경찰 아저씨'가 도착했습니다.

갑자기 코를 찌르는 방귀를 사마와 친구들에게 '뿡뿡뿡 뿌웅~~'

"으윽~ 세상에 이렇게 독한 냄새가~" 말하면서 사마와 친구들은 기절했습니다. 뿡뿡이 아저씨 방귀 냄새는 위험할 때 한 번만 뀌는데 그날이 오늘이었습니다. 그 방귀 냄새는 다른 사람들에겐 바나나 향처럼 은은한 향기가 나지만 사마귀와 친구들에

겐 기절할 수 있는 독한 냄새가 나서 치명타가 될 수 있습니다.

　푸른 나무 그늘과 보석 같은 꽃과 풀이 가득한 뛰어라 곤충 마을은 사건이 해결된 후로 사마와 친구들이 사라지자 평화롭고 행복한 마을을 되찾을 수 있었답니다.

메뚜기의 특징

강가의 풀밭에 살면서 울음소리를 내는 특징이 있으며 짝을 찾기 위한 감각으로 시각과 청각이 잘 발달한 곤충입니다. 더듬이는 대개 실 모양으로 가늘고 많은 마디로 구성됩니다. 기본적으로 한 쌍의 커다란 겹눈과 세 개의 작은 홑눈이 있습니다. 날개는 가죽질의 앞날개, 즉 두텁날개와 날 때 부채처럼 펼쳐지는 얇은 뒷날개, 두 쌍으로 구성됩니다. 한곳에 많이 모여 있으며 짝을 찾기도 쉬워 여기저기서 짝짓기가 이루어집니다. 알을 낳자마자 곧 자라는 것이 아니라 겨울 동안 땅속에서 잠을 자야 깨어날 수 있습니다.

암컷은 평생 여러 번 알을 낳습니다.

- 분류: 곤충 메뚜기목 메뚜기과
- 먹이: 신선한 식물(바랭이, 강아지풀 같은 볏과 식물)
- 몸길이: 4.5~6.5cm
- 한 살이: 알-애벌레-어른벌레
- 알: 1개의 알 주머니에 10개 정도
- 관찰 시기: 7월~11월

못된 사사의 후회
글·그림 박리안

어느 풀숲 마을에 사사라는 이름을 가진 사마귀가 살고 있었어요.

사사는 정말 심술궂은 아이였어요. 왜냐하면 사사는 웃어본 적도 없고 행복한 적이 한번도 없었기 때문이었죠. 사사는 매일 부모님에게 소리를 질렀어요.

심지어 처음 만난 친구들에게도 소리를 질러서 친구들은 사사를 무서워하고 결국엔 사사를 피하기 시작했어요.

오늘 사사는 엄마한테 엄청 혼났어요. 왜냐하면 친구들에게 또 소리지르고 피해를 줬기 때문이에요.

엄마가 "사사야, 엄마가 친구들과 사이좋게 지내랬지! 어휴! 정말 내가 너 때문에 못 살아, 나가서 반성하고 와!"라고 했어요.

혼이 난 사사는 엉엉 울면서 말했어요.

"엄마는 나빠!"라며 집을 뛰쳐나갔어요.

밖으로 나온 사사는 놀이터로 갔어요. 놀이터에는 무당이와 풍뎅이가 놀고 있었어요. 사사가 다가가 친구들에게 말했어요.

"얘들아, 나도 같이 놀자."

그러자 친구들이, "싫어! 너는 매일 소리만 지르고 우리를 괴롭힐 거잖아."라며 사사를 피해 멀리 가버렸어요.

"흥, 나도 너희랑 안 놀 거야!"라며 사사는 혼자 놀기 시작했어요.

그네도 타고 미끄럼틀도 타고 시소도 탔어요. 그렇게 저녁이 될 때까지 사사는 놀이터에서 외롭게 놀았어요. 한참 놀다 보니 배가 매우 고파서 먹을 것을 찾아 숲속으로 들어갔어요. 숲속으로 들어가 오랫동안 걷다 보니 어느 한 집이 보였어요. 그 집으로 들어간 사사는 깜짝 놀랐어요. 그곳에는 귀한 음식이 아주 많이 차려져 있었어요. 그리고 어느 할머니께서 사사를 따뜻하게 맞아주셨지요. 사사는 그곳에서 맛있게 음식을 먹은 뒤 휴식을 취했어요.

할머니께서는 사사의 눈빛을 보더니, "애야! 혹시 무슨 고민이 있니?"라고 물었어요.

사사는 할머니께 마음껏 고민을 털어놓았어요. 할머니는 잠시 고민하시더니, "내가 네 주변 가족들과 친구들을 사라지게 해줄까?"라고 했어요.

사사는 잠시 고민을 하더니, "네!"라고 대답했어요.

그러자 할머니께서 요상한 마법 주문을 외우더니 할머니께서 "이제 나가 봐라."라고 하셨어요.

그 집의 낡은 문을 연 순간 하얀 연기가 나오더니 할머니의 목소리가 들렸어요.

"후회하지 말거라."

하지만 사사는 이 말의 뜻을 이해하지 못했어요. 그렇게 사사는 집으로 가보았는데 가족이 아무도 보이지 않았어요. 놀이터

에도 친구들이 없고 학교에도 친구들이 없었어요. 사사는 너무 외롭고 쓸쓸해서 괜히 소리를 질렀는데 아무도 오지 않았어요. 사사는 그제야 할머니가 한 말의 뜻을 알게 되었어요. 사사는 바닥에 털썩 주저앉아 엉엉 울기 시작했어요. 눈물을 흘리면서 그동안 사사가 했던 일들을 떠올려 보았어요. 사사가 친구들에게 화내거나 부모님에게 소리지르는 일이 대부분이었지요.

   사사는 다시 할머니를 찾아갔어요. 할머니는 다시 한번 따뜻하게 맞아주었지요. 사사는 울며 애원했어요.

"엉엉, 할머니 제가 생각이 짧았어요. 앞으로는 화내거나 소리 지르지 않을게요."

그러자 할머니께서는, "이 마법 주문을 풀려면 진심을 전달할 마음이 필요하단다. 괜찮겠니?"라고 하셨어요.

그러자 가족과 친구들의 소중함을 깨달은 사사는 망설임 없이 "네!"라고 했어요.

다시 한번 할머니는 요상한 주문을 외우더니 갑자기 사사의 몸에 수 많은 빛들이 맴돌았어요. 그러자 '펑!' 소리가 나더니 밖이 시끌벅적했어요.

먼저 집에 가서 가족에게 진심으로 사과를 하고 놀이터에 있는 친구들에게도 가서 진심으로 사과를 했어요. 사사가 진심으로 사과를 하니 친구들은 사사의 마음을 받아주고 사사와 가장 친한 사이가 되었어요. 사사는 할머니께 고마움을 표시하려고 갔더니 그 자리에는 낡은 집이 없었어요.

그 대신 그 자리에 쪽지가 하나 있었죠.

'사사야 너는 이제 착한 아이가 되었단다. 축하하고! 다시는 절대로 이기적인 나쁜 아이가 되지 말거라!'라고 적혀 있었어요. 그렇게 사사는 행복한 나날을 가족과 친구들과 함께 보냈답니다~.

사람이 된 참외

글, 그림 배하은

사람이 된 참외
글·그림 배하은

옛날 참외 마을에 참외 농사를 하는 할아버지와 참외 참참이가 있었어요. 하루는 할아버지가 참참이와 다른 참외 친구들을 팔기 위해 시장에 갔어요. 그런데 참참이의 친구들은 하나둘씩 사람들이 사 갔는데 참참이는 아무도 구경도 하지 않고 지나쳐 버렸어요. 참참이는 무척 속상했어요.

어느덧 시간이 지나 시장이 끝나가는 시간이 되었어요. 그 때 어떤 아이와 엄마가 나를 보고 이쪽으로 와 나를 사 갔어요. 엄마는 집에 와서 나는 깨끗이 씻어 아이에게 주었어요. 나는 친구들을 만날 생각에 신이 났어요. 아이는 나를 포크로 집어서 아삭아삭 맛있게 먹었어요. 엄마도 나를 맛있게 먹었어요. 그날 밤 아이와 엄마가 나를 맛있게 먹고 잠든 뒤, 나는 다시 몸이 모아져 참외의 모습이 되었어요. 그리고 눈을 떠보니 먼저 팔려 갔던

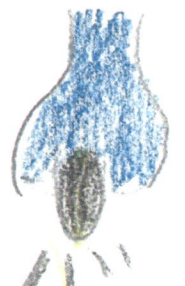

친구들이 나를 기다리고 있었어요. 나는 너무 행복해 친구들에게 안겼어요. 난 행복했어요. 나는 아이가 무척 고마웠어요. 그리고 나는 친구들과 함께 행복하게 잠이 들었어요.

   나는 오랜만에 친구들과 잠을 자서 아주 행복한 꿈을 꾸며 자고 있었어요. 그런데 목이 말라 물을 마시러 나와 병에 든 물을 마셨는데 갑자기 팔과 다리가 생기더니 사람으로 변했어요. 이 신기한 물을 친구들에게 이야기하려고 하다가 나만 아는 비밀로

간직하기로 했어요. 그리고 나는 다시 잠이 들었어요.

 아침에 눈을 떠보니 나의 참외 친구들은 없고 가족들이 있었어요. 난 사람이 되었어요. 그런데 친구들을 다시 못 본다는 생각에 난 울음을 참다 참다 크게 울음이 터져 버렸어요. 친구들에게 사람이 되는 마법 물병 이야기를 하지 않은 그것이 너무 후

회되었어요. 아빠, 엄마, 할머니, 할아버지 새로운 가족이 생겼지만 나는 다시 참외가 되고 싶었어요. 다시 물약을 먹고 잠을 잤지만, 참외로 바뀌지 않았어요. 슬펐지만 다시 한번 물약을 먹고 잠을 잤어요. 그리고 잠에서 깨서 눈을 떠보았어요. 나는 팔다리가 없는 동글동글 참외가 되었어요. 나는 너무 기뻐 친구들을 큰 소리로 불렀어요. 하지만 친구들은 어디에도 보이지 않았어요.

"애들아, 어디에 있어? 나 참참이야."

나는 혼자 있는 게 무서워 눈물을 또르르 흘렸어요. 주위를 둘러보는데 문이 3개가 보였어요. 난 어느 문을 열어봐야 할지 너무 고민이 되었어요. 고민하다 1번 문에서 친구들의 소리가 들리는 것 같아 용기를 내어 1번 문을 살며시 열어 보았어요. 거기엔 나의 참외 친구들이 모여 놀고 있었어요. 나는 친구들에게 사람이 되는 방법을 알고도 친구들에게 이야기하지 않은 것에 대해 사과하였어요. 나는 친구들과 사이좋게 마법 물약을 나누어 마시고 함께 잠이 들었어요.

그리고 눈을 떠보니 친구들이 모두 사람으로 변해 있었어요. 친구들과 나는 여행도 가고 식당도 가고 너무 즐거웠어요. 그런데 시간이 지나가 친구들과 나의 몸이 조금씩 녹고 있었어요. 우리는 물약을 먹고 3일이 지나면 다시 참외가 된다는 사실을 몰랐던 거죠. 그리고 우리는 다시 참외로 바뀌어버렸어요. 친구들은 다시 참외가 된 사실에 너무 속이 상해서 나와 이야기도 하지 않고 1번 방으로 다 들어가 버렸어요. 나는 또 혼자가 되었어요. 나도 물약이 3일만 효과가 있는 것을 몰랐는데 친구들은 내가 일부러 이야기하지 않았다고 오해하는 것 같았어요. 너무 속상해 나는 3번 방으로 들어가 혼자 "으앙, 으앙" 하고 울었어요.

'똑똑똑'

문 드리는 소리가 들렸어요. 친구들이 내 울음소리를 듣고 걱정이 되어 3번방의 문을 두드리는 소리가 들렸어요.

"참참아, 미안해. 아깐 우리가 갑자기 참외로 변해버려서 속이 상해서 그랬어."

친구들이 나에게 사과해 주었어요. 나는 울면서 친구들에게 안겼어요.

우리는 어떻게 하면 오래 사람이 될 수 있는지 곰곰이 생각해 보았어요.

"물약을 20병을 마시면 60일 동안 사람이 될 수 있겠지?"

나는 친구들에게 이렇게 이야기하고 친구들과 함께 20병씩 물약을 마셨어요. 이제 우리는 60일 동안은 걱정 없이 사람으로 지낼 수 있어요.

우리는 다시 사람이 되자마자 내가 가고 싶었던 제주도로 갔어요. 제주도 여행을 하고 맛있는 식당도 가보고, 나와 친구들이 팔렸던 시장에도 가보고 우리는 잘 지냈어요. 그렇게 20일, 30일, 50일이 지나고 이제 마지막 하루가 지났어요. 우린 다시 몸이 녹고 참외로 변했어요. 하지만 우린 함께 잘 지냈기 때문에 속상해 하지 않았어요. 참외가 된 모습으로 우리는 다시 즐겁게 지냈어요. 이웃 과일 친구 수박이네도 놀러 가고 토마토의 집에도 놀러 가면서 바쁜 하루를 보냈어요. 우리는 저녁에 자기 전에 사람이 되어서 좋았는지 이야기해 보는 시간을 가졌어요. 다음에 기회가 있다면 물약을 먹고 사람이 다시 될 수도 있다고 친구들에게 이야기했어요. 우린 다음에 사람이 되면 무엇을 하고 싶은지 이야기해 보았어요. 나는 친구들과 마음껏 맛있는 밥을 먹고 싶어서 뷔페를 가고 싶다고 했어요. 친구들도 나와 생각이 같았는데 다음에 우리가 사람이 되면 꼭 뷔페를 가기로 하고 우리는 잠이 들었어요.

다음 날 아침 눈을 떴는데 우리가 사람이 되어 있었어요.
"얘들아!"
나는 친구들을 불렀어요. 친구들과 놀라서 거울을 봤어요. 물약을 마시지 않았는데 사람으로 변하다니 꼭 마법에 걸린 것 같았어요. 우리는 신나서 어제저녁 이야기했던 뷔페에 갔어요.
 우리는 1년이 지나도 참외로 바뀌지 않았어요. 그래서 우리는 집도 사고 일도 하기 시작했어요. 나는 카페에서 일을 하였고, 친구는 병원에서 일을 했어요. 그런데 우리는 일을 너무 못해서 더 이상 카페와 병원에서 일을 할 수 없게 되었어요.
 일자리를 찾아다니다 어느 가게에서 아르바이트생을 구한다는 것을 보고 우리는 거기에서 열심히 일을 하였어요. 월급을 받아 여러 가지 필요한 물건을 사고 음식도 샀어요. 우리는 자동차가 필요한데 자동차는 너무 비싸서 아르바이트로는 자동차를 살 수가 없었어요. 우린 아르바이트를 그만두고 유명한 음식점에 취직하여 1년 동안 열심히 일을 했고 자동차를 살 만큼 돈을 모을 수 있게 되었어요.
 드디어 나는 친구와 자동차를 사러 갔어요. 여러 멋진 자동차들을 보고 마음에 드는 자동차를 드디어 찾게 되었어요. 하지만 그 자동차는 너무 비싸 우리가 가진 돈으로 살 수가 없었어요.

우리는 적당한 가격의 자동차를 사게 되었고, 친구와 나는 우리의 자동차를 타고 여행을 갔어요. 멀리 바닷가에 가서 친구와 신나게 노는데 갑자기 나는 참외였을 때가 생각이 났어요. 시장에 가고 주인을 만나고 과일 친구 집에 놀러 다니던 그 때가 갑자기 떠올랐어요.

"참외였을 때는 일도 안 하고 가만히 있고 노는 게 재미있었는데……."

다시 참외로 돌아가자는 친구도 있고 그래도 사람이 좋다는 친구들도 있었어요. 우리는 싸우기 시작했어요. 나는 어떻게 해야 할지 고민했어요. 그러고는 같이 마법의 물약 가게로 갔어요. 다시 참외가 되고 싶은 친구는 물약을 샀지만 나는 물약을 사지 않았어요. 나는 물약 가게에서 도망쳐 나왔어요.

며칠이 지난 뒤 나는 침대에 누워 다시 참외가 된 친구가 어떻게 지내는지 생각해 보았어요. 미안한 마음도 들었어요. 참외가 된 친구가 걱정되어 나는 잠도 못 자고 눈물이 났어요.

다음 날 아침 나는 물약 가게로 가서 참외가 되는 물약과 사람이 되는 물약 두 가지를 샀어요. 그리고 참외가 되는 물약을 먹고 다시 참외가 되었어요. 나는 참외 친구를 찾으러 다녔어요. 그 때 친구를 발견하고 달려가 친구를 안았어요. 친구에게 다시 사람이 되는 것이 어떠냐고 물어보았지만, 친구는 참외가 좋다고 하였어요. 나는 결심했어요. 이제 친구를 설득하지 않고 사람이 되는 물약을 버리고 친구와 함께 참외의 모습으로 침대에 누웠어요. 그러고는 행복한 꿈나라로 떠났어요.

'다음에는 사람으로 태어날 수 있으니까…….'

우리는 이제 싸우지 않겠다고 서로 다짐했어요.

참외
- 박과에 속하는 덩굴성 1년생 초본식물입니다.
- 6~7월에 노란 꽃이 잎겨드랑이에서 피는데 암·수꽃이 따로 나옵니다.
- 아삭한 과육과 달콤한 과즙이 일품입니다.
- 여름이 제철인 과일입니다.
- 구입 요령 : 색깔이 선명하고 꼭지가 싱싱한지 확인하고 구입합니다.

윙윙 이의 하루

글,그림 신주현

윙윙이의 하루
글·그림 신주현

제1장 '잠자리의 하루'

제가 되고 싶은 생물은 '잠자리'입니다.

잠자리 윙윙이와 친구 잠자리 붕붕이가 놀고 있었어요. 그런데 놀다 보니 저녁이 되었어요.

엄마가 "윙윙아! 저녁 먹어라!"라고 하셨어요.

붕붕이는 혼자가 되었어요.

그 때 붕붕이 엄마가 "붕붕아! 저녁 먹어라!"라고 하셨어요.

그 때 윙윙이는 저녁을 다 먹고 소파에 앉았는데 엄마가 "윙윙아~ 숙제해라."라고 하셨어요. 숙제를 다 끝내고 양치를 하고 윙윙이는 잠자리에 들었어요. 붕붕이도 저녁을 다 먹고 숙제를 끝내고 양치를 하고 잠자리에 들었어요.

제2장 '잠자리 대회'

다음 날 윙윙이 엄마가 말했어요.
"윙윙아, 오늘 대회가 있는데 갈래? 1등은 금상, 2등은 은상, 3등은 동상이래!"
"그래! 꼭 1등 할 거야!!"
붕붕이 엄마도 "붕붕아, 오늘 대회가 있대. 갈래? 윙윙이도 간대."라고 하셨어요.
"그래! 꼭 1등 할 거야!"
윙윙이와 붕붕이가 대회장에 도착했어요. 윙윙이가 말했어요.
"우리 꼭 1등 하자!"
"그래!" 붕붕이가 말했어요.
심판이 말해요.
"자! 이제 멀리날기 대회를 시작하겠습니다!!"
"와아~~"
"자, 먼저 참가자를 소개하겠습니다!! 먼저, 윙윙이 선수와 친구 붕붕이 선수 그리고 비둘기 훨훨 선수!! 과연 누가 이길까요? 지금부터 시~~작!!"

"오! 윙윙이 선수 1등을 차지하고 있네요! 오오~ 훨훨 선수 역전을 하는데요! 아직 붕붕 선수는 밑이네요! 오!!!!! 훨훨 선수 1등, 윙윙 선수 2등, 붕붕 선수 3등!!"

"자, 이제 시상식을 하겠습니다. 훨훨 선수 금상! 윙윙 선수 은상! 붕붕 선수 동상! 이제 경기는 끝내겠습니다!!"

"정말 재미있었다, 그치!!?" 윙윙이가 말했어요.

"응! 정말 재미있었어!" 붕붕이가 말했어요.

"너 안 속상해?" 윙윙이가 말했어요.

"응! 게임은 그냥 즐기는 거야!" 붕붕이가 대답했어요.

"와우! 대단한걸!" 윙윙이가 말했어요.

이제 집에 갈 시간이에요.

"안녕, 붕붕아!"

"안녕, 윙윙아!"

윙윙이는 집에 도착했어요. 어제처럼 저녁을 먹고 숙제를 끝내고 양치를 하고 잤어요. 붕붕이도 윙윙이와 같아요. 저녁을 먹고 숙제를 끝내고 양치를 하고 잤어요.

제3장 '놀이동산'

다음 날 "윙윙아 놀이동산 갈래?" 하고 윙윙이 엄마가 물었어요.

"응! 갈래!"

"붕붕아 놀이동산 갈래?" 하고 붕붕이 엄마도 붕붕이에게 물었어요.

"응! 갈래! 윙윙이도 가?"

"응, 윙윙이도 간대."

이제 친구들이 놀이동산에 도착했어요.

"와, 우리 매번 만나네!" 윙윙이가 말했어요.

"맞아!" 붕붕이가 말했어요.

친구들은 먼저 회전목마를 탔어요. 윙윙이는 사자, 붕붕이는 말을 탔어요. 다음에는 바이킹을 탔어요. 또 그다음에는 롤러코스터를 탔어요.

"얘들아, 점심 먹자!" 하고 엄마들이 말씀하셨어요.

친구들이 "그래." 하고 점심을 먹으러 갔어요. 점심은 간단하게 우동을 먹고 다시 놀았어요. 놀다 보니 금방 저녁이 되었어요.

"얘들아, 밤이 되면 '불꽃축제'도 한대. 보러 갈래?"

"응. 지금 당장 가자!" 윙윙이와 붕붕이가 말했어요.

지금이 딱 불꽃축제를 하려고 해요.

"얘들아 지금 한다!"

불꽃이 펑펑 터졌어요.

"우와, 정말 예쁘다! 이렇게 예쁜 것은 처음 봐!!"

그리고는 윙윙이와 붕붕이는 상점에 가서 머리띠를 샀어요. 윙윙이는 꽃머리띠, 붕붕이도 꽃머리띠를 샀어요. 오늘은 가까운 호텔에서 잤어요. 저녁은 무엇을 먹을지 생각하다가 윙윙이

가 돈가스를 먹자고 했어요. 그래서 돈가스집을 찾으러 가는데 주변엔 다 치킨집이었어요. 그래서 그냥 치킨을 먹었어요. 저녁을 먹고 나서 호텔로 돌아와 호텔을 구경하는데 게임이 있어서 게임도 했어요.

제4장 '끝'

다음 날 윙윙이와 붕붕이가 집으로 돌아갔어요.
"우리 다음에 보자!"
"그래!!" 둘이 동시에 말했어요.
다음 날
"엄마! 붕붕이랑 같이 또 놀러 가!" 하고 윙윙이가 말했어요.
"아니~오늘은 붕붕이 가족이 수영장을 갔대~"
"지금 우리도 가면 안 돼?" 윙윙이가 간절히 말했어요.
"응 안 돼~ 약속을 안 잡았잖아!"
"힝~~~~~~"

잠자리는 잠자리목에 속하는 곤충의 총칭으로 유충은 수채라 부른다. 유충은 물에서 살다가 밖으로 나와서 생활한다. 잠자리목은 잠자리아목과 실잠자리아목으로 나뉜다. 불균시아목은 잠자리목 중에서 앞 뒤의 날개 모양이 다른 것 때문에 붙여진 이름이다.

수박나라
글·그림 엄시연

1장: 구덩이에 빠지다

어느 날, 외할머니댁에 놀러 갔다. 여름이라서 아주 더웠다. 그래도 행복했다. 땀을 뻘뻘 흘리며 놀고 있는데, 할머니가 불렀다.
"시연아, 와서 시원한 수박 먹고 마저 놀아라."
와! 수박이라니 완전 꿈만 같았다. 그래서 집에 들어가 수박을 먹었다. 가족과 같이 맛있게 수박을 먹고 있었는데 밖에서 이상한 소리가 들렸다.
"하하하하!"
'어? 무슨 소리지?'
나는 생각했다.
'뭐, 그냥 사람들 소리겠지.'

"하하하하!"

또 들렸다. 난 이제 더 이상 못 참고 밖을 내다 봤다. 큰 구덩이가 있었다. 나는 좀 더 자세히 보려고 고개를 더 내밀었다.

"으악!"

난 그만 구덩이에 빠지고 말았다.

2장: 수박나라

정신을 차려보니 어딘가 수상하고 이상한 곳이었다.

'여기가 어디지?'

난 도저히 여기가 어딘지 몰랐다. 대신 모든 게 수박이었다! 여기가 너무나도 신기하고 이상해서 난 둘러보기로 결심했다.

먼저 학교 창문으로 학생들이 공부하는 걸 지켜보았다. 초록색 책상, 수박 학생들과 선생님, 수박 학용품, 빨간색 책, 그리고 빨간색과 초록색 칠판. 내가 평소로 아는 학교와는 전혀 달랐다. 이곳의 이름을 알고 싶었다. 그래서 지나가는 사람들, 아니 수박들한테 물어보기 시작했다. 7번째로 만난 아저씨가 이곳은 수박나라라고 하셨다. 수박나라라니, 이름이 특이했다.

'잠깐만, 여기서 사는 사람들이 모두 수박이면 나도 수박이 되었을지도 몰라!'

내 몸을 살펴보았다.

"꺅!"
나는 소리를 질렀다. 나도 수박이 되었기 때문이다.

난 일단 침착하고 나갈 곳을 찾았다. 침착하기 어려웠지만 내 가족을 생각하며 걸었다. 걸어도 걸어도 끝이 없었다. 너무나도 힘들었다. 너무 오래 걸었더니 벌써 저녁이 되어 버렸다. 나는 길거리에서 잤다. 다행히 깨끗한 이불과 베개가 있어서 편하게 잤다.
다음 날 아침, 난 다시 계속 걸었다. 드디어 문을 찾았다. 문을 열고 들어갔다. 그런데……

3장: 수박 빵집

나는 집에 온 게 아니라, 나도 아는 빵집에 와 있었다. 이름은 "달처럼", "조윤슬"이라는 분이 운영하시는 빵집이다. 난 달콤한 냄새를 따라가려고 했는데,

"꺅!"

엄청 큰 거인이 내 뒤에서 나를 쳐다보고 있었다.

"어머! 예쁘기도 하네. 너를 가지고 마카롱을 만들어야겠다."

아이쿠! 거인이 아니라 빵집 제빵사였다. 조윤슬 제빵사님이 시다.

"그런데 마카롱을 만들려면 설탕이 필요한데, 설탕이 지금 빵집에 없네. 나가서 장을 봐야겠네. 가만히 있거라."

그리고는 문을 열고 딸랑거리는 소리 사이로 사라졌다. 문이 닫혔을 때 나는 곧바로 수박나라로 돌아갈 수 있는 문을 찾았다. 하지만 그 문은 이미 사라지고 없었다.

"그래!"

그 때 나에게 좋은 생각이 났다.

"수박나라로 갈 수 없으면 집을 찾아가면 되잖아!"

이제는 급하지도 않고 차분하고 행복해졌다. 난 밖으로 나가기 위해 문을 힘차게 밀었다. 그런데 그럴 수가 없었다. 왜냐면 난 수박이니까. 수박이니 저렇게 큰 문을 열 수가 없었다. 그래도 난 힘을 모두 모아 문을 밀었다.

"딸랑!"

문이 열렸다. 난 너무나 기뻐서 폴짝 뛰었다. 폴짝 뛰는 순간 나는 뛰기 시작했다. 그런데 세상에나! 나는 하늘에서 뛰고 있었다.

"하하! 내가 하늘을 날고 있어! 하하하!"

난 계속 하늘을 달렸다. 다행히 집이 어딘지 알고 있었다. 집

근처에 왔을 때 난 날기 시작했다. 새처럼 날개가 생겼다. 수박 날개! 집 안에 들어가려고 할 때, 웃음소리가 들렸다.

"히히히."

그러더니 나를 덥석 잡았다.

"놔! 놓으란 말이야!"

4장: 수박 마녀

그런데 사람들이 정말로 안 믿던 마녀가 날 잡은 것이다. 마녀는 자기 집으로 날 데려갔다. 거기에는 다양한 수박들이 많았다. 씨 없는 수박, 무등산 수박, 황육종이라는 수박들도 있었다. 마녀는 날 앉혀놓고 자기소개를 했다.

"내 소개부터 하지. 내 이름은 태리다. 수박을 모으는 마녀지. 자, 이제 잘 들어라. 내가 내는 문제를 푸는 수박은 가게 해주마. 날 수 있게도 해주마. 자, 문제를 낸다. 수박에서 이것은 있어도 없어도 수박이다. 이것은 무엇일까?"

그 때 황육종 수박이 손을 번쩍 들었다.

"그래, 너."

황육종이 대답했다.

"껍질이요."

"땡!"

나는 곰곰히 생각했다. 그동안 거의 모든 수박이 탈락했다. 나는 그 때 손을 들었다.
"그래, 너."
"씨입니다."
"정답!"

5장: 불쌍해

내가 드디어 문제를 풀었다.

"축하한다. 자, 날개를 주겠다. 뭐가 또 갖고 싶으냐? 아니면 뭘 하고 싶냐?"

난 그 때 이렇게 대답했다.

"인간으로 되돌려 주세요."

"좋아! 가만히 있어라. 수리수리마수리 인간이 되어라!"

그리고 펑! 하는 소리와 함께 난 인간이 되었다. 난 너무나 행복했다.

"우와! 정말 인간이 되었잖아! 감사합니다! 정말 감사합니다!"

드디어 가족을 만날 수 있게 되었다. 난 진짜 기뻤다. 태리 마녀가 말을 시작할 때까지는 말이다.

"나머지는 두 번째 방으로 가거라. 거기에는 숨겨진 물건들이 있다. 8개 모두 찾는 수박에게는 소원 2개를 들어 줄 테니. 2단계라서 좀 더 어려울걸? 제일 많이 찾는 수박한테 소원을 들어준다, 이 말이지. 자, 시작!"

'어! 어떻게 하지? 수박들은 원래 인간이었는데 가족을 못 보거나 수박으로 사람 먹잇감이 되는 거 아냐?'

난 걱정이 되었다.

'그래! 가족은 나중에 만나고 그들을 구해야겠어.'

수박들이 두 번째 방으로 올라갈 때 난 뒤에서 닌자처럼 조용히 숨어서 따라갔다. 두 번째 방에 도착했을 때 모두 다 찾기 시작했다. 하지만 시간이 지나도 숨겨진 물건을 찾아낸 수박은 없었다.

'아, 이러다가 다들 못 찾는 거 아니야? 불쌍해.'

6장: 문제 풀기

다행히 내가 물건을 아주 빨리 그리고 잘 찾는 편이라서 숨겨진 물건들은 금방 찾았다. 그러고 나서 수박들이 물건을 찾는 동안 난 물건들을 쉬운 곳으로 옮겼다. 그게 반칙인 것은 알지만 태리가 아까 이런 얘기를 했었다.

"제일 적게 찾은 수박은 감옥에서 5년 동안 살아야 한다."

아무리 내가 반칙을 해도 감옥에 있는 거랑은 비교가 안 된다. 난 얼른 찾기 쉬운 곳에 놔두고 마녀가 사는 곳에서 나오려고 했는데, 나가는 길에 태리가 앞을 막았다.

"넌 이 탑에서 나갈 수 없다. 단 이 문제를 풀면 내보내 주지. 자신 있느냐?"

"네!"

나는 용기가 솟아났다.

"좋다. 수박은 종류가 많다. 그중에서 황육종이라는 수박이 있다. 그 수박 속 색깔은?"

'하, 왠지 생각날 것 같은데, 아이고, 생각이 안 나.'

그 때 난 생각이 났다.

"정답은 노란색!"

"정, 정답."

　드디어 내가 문제를 풀었다. 그 때 두 번째 방에서 소리가 났다.
"찾았다."
　씨없는 수박이 찾은 것이다. 다른 수박들도 마찬가지다. 모든 수박들이 물건을 찾으니까 태리 마녀는 "안 돼!" 하는 소리와 함께 사라지고 말았다. 태리가 있던 자리엔 검정색 가루만이 남아 있었다. 난 믿을 수가 없었다.
　태리가 좀 나쁘긴 했지만 그래도 사람이 죽는 건 누구나 슬프다. 내 눈에서 눈물 한 방울이 떨어졌다. 다른 수박들도 마찬가지였다. 수박들과 난 가루를 봉지에 담아서 관 안에 넣었다. 그리고 무덤을 만들어 주었다.

7장: 포근함

난 장례식이 끝나고 가족을 만나러 갔다. 난 하늘에 번쩍 뛰었다. 난 날개를 펴고 날기 시작했다. 난 계속 날았다.
"어! 저기 할머니 집이다."
난 할머니 집으로 날아갔다. 집에 도착하니 편안해졌다. 그 때 우리 부모님이 날 눈치채더니 정말 기뻐하셨다.
"시연아, 널 찾으니 행복하구나! 그런데 너 혹시 날고 있는 거니?"
"네! 함께 날아요!"
난 엄마, 아빠 손을 잡았다. 뒤에는 할머니도 엄마 손을 잡으셨다. 우린 하늘에서 서로 안아주었다. 우리는 구름에 누운 것처럼 포근함을 느꼈다.

<수박 탐구 여행>

1. 수박이 뭐예요?

수박은 둥글고 딱딱하고 겉과 속의 색깔이 다른 달콤한 과일이에요. 수박은 대부분 물로 만들어졌고 그 물 덕분에 수박 맛이 더욱 싱싱해요. 수박에는 비타민 A, 그리고 C가 많아서 우리 몸을 매우 건강하게 해주어요.

2. 수박에 대한 재미난 속담 이야기

첫 번째는 "수박 겉핥기", 이 속담의 뜻은 제대로 알아보지도 않고 대충대충 하는 모습을 말해요.

그리고 "되는 집에는 가지 나무에 수박이 열린다"라는 속담도 있어요. 이 속담의 뜻은 생각했던 것보다 훨씬 좋은 결과가 나왔다는 뜻이에요.

3. 우리 생활 속 수박

옛날에는 수박을 과일로 먹기만 했어요. 하지만 이젠 달라요. 수박이 어떻게 바뀌었냐고요? 수박으로 여러 가지를 만들어 쓰고 먹을 수 있어요. 예를 들면, 수박 주스, 수박 아이스크림, 수박 사탕, 그리고 수박 화장품 등이 있어요.

이렇게 조사를 해보니 수박이 우리에게 여러 가지 방법으로 도움을 주네요. 앞으로는 수박을 더 소중히 여기도록 해요.

수박이의 모험

글·그림
오수빈

수박이의 모험
글·그림 오수빈

토요일 아침, 쿨쿨 자고 있던 수박이를 엄마가 깨웠어요. 수박이가 무슨 일이냐고 묻자 엄마는 마트에 가서 당근, 오이, 상추를 사오라고 했어요. 수박이는 씻고 옷을 갈아입고 마트로 향했어요. 가던 중 수박이는 친구 냠냠이를 만났어요.

"안녕" 냠냠이가 말했어요.

"안녕" 수박이도 인사했어요.

냠냠이가 어디 가냐고 수박이에게 물었어요. 그러자 수박이는 마트에 간다고 했어요. 냠냠이도 마트에 가는 길이라고 했어요. 둘은 같이 가기로 했어요. 그 때였어요. 옆 동네로 이사 간 자두가 감자를 언덕에서 쏟았어요. 그래서 수박이와 냠냠이는 인사를 하고 자두를 도와주었어요. 자두는 고맙다며 감자 2개와 오이 2개를 수박이에게 주었어요. 오이를 사야 했는데 줘서 고마워하

며 자두에게 다음에 놀자고 말하고 둘은 다시 마트로 향했어요. 둘은 마트에 도착해서 당근을 사러 갔는데 모기가 나타났어요! 그래서 상추를 먼저 사러 갔다가 다시 가보니 모기가 없었어요. 그래서 수박이와 냠냠이는 당근을 사서 집으로 가고 있었어요.

그런데 갑자기 옆에서 '쿵' 하는 소리가 났어요. 알고 보니 수박이와 냠냠이가 다니는 학교로 전학 온 숭아가 넘어졌던 것이었어요. 숭아는 무릎이 까졌어요. 수박이가 밴드를 가지고 있어서 숭아에게 주었어요. 숭아는 고맙다며 친하게 지내자고 했어요. 수박이랑 냠냠이도 "그래."라고 얘기했어요.

셋은 친해져서 "안녕. 학교에서 봐."라고 말하고 수박이는 집으로 갔어요. 수박이는 엄마에게 심부름을 잘했다고 칭찬을 받았어요. 며칠 뒤 수박이는 냠냠이, 숭아와 여름 놀이공원에 갔어요. 같이 츄러스도 사먹고 동물원도 구경하고 무서운 롤러코스터도 탔어요. 밤이 되자 수박이와 친구들은 불꽃놀이도 같이 보았어요. 수박이와 친구들은 내일 또 놀자고 인사하고 각자 집으로 돌아갔어요.

다음 날 수박이와 친구들은 숙제를 했어요. 수박 초콜릿도 먹고 복숭아, 냠냠 젤리도 먹었는데 냠냠 젤리는 청포도 맛이 났어요. 숙제를 다 하고 수박이와 친구들은 밖에 나가서 뛰어놀았어요.

재미있게 놀다가 수박이는 친구들과 야구를 보러 갔어요. 그 날은 채소 팀과 과일 팀의 경기가 있었어요. 수박이와 친구들은 과일 팀을 좋아해서 열심히 응원을 했어요. 그런데 과일 팀의 포도가 홈런을 쳤어요. 수박이와 친구들은 신나서 더 열심히 응원을 했어요. 경기는 11대 1로 과일 팀이 이겼어요. 수박이와 친구들은 내일 학교에서 보자고 인사하고 각자 집으로 갔어요. 집에 와서 씻고 누워서 수박이는 즐거운 주말이었다고 생각하고 스르르 잠이 들었어요.

수박의 특징

1. 전 세계에서 2번째로 많이 재배되는 과일이다.
2. 남아프리카 원산의 한해살이 덩굴식물 또는 그 열매를 말한다.
3. 달콤하고 시원한 맛이다.
4. 90% 이상이 수분이다.

수박의 종류

흑피수박, 황금수박, 망고수박, 애플수박, 베개수박 등

뿌뿌의 모험 이야기
글·그림 이가윤

목차

1. 사마귀의 하루
2. 뿌뿌의 사냥대회
3. 친구 꾸꾸가 다친 날
4. 친구와 놀이동산 간 날
5. 엄마한테 혼난 날
6. 마법사와 함께 한날
7. 마법사와 숲 여행
8. 뿌뿌와 꾸꾸가 채집통에 갇힌 날
9. 마법사가 구하러 온 날
10. 라라와 친구 된 날
11. 라라가 귀신 된 날
12. 마법주문
13. 신비로운 약
14. 우리들의 영웅

내가 탐구해 보고 싶었던 여름 생물은 사마귀이다. 내가 되어 보고 싶은 곤충도 사마귀이다.

1. 사마귀의 하루

사마귀 뿌뿌가 친구 사마귀 꾸꾸와 놀고 있었다. 엄마가 "숙제해."라고 해서 꾸꾸와 많이 놀지 못했다.

2. 뿌뿌의 사냥대회

엄마는 집에 와서 메뚜기 사냥대회에 나가라고 하셨다. 나는 엄마한테 "알겠어요." 하고는 방에 들어갔다. 뿌뿌는 사냥을 잘하지만, 많이 잘하진 않는다. 나갈지 안 나갈지 새벽 내내 고민을 했다. 그러다가 시간이 지나자 사냥대회 날이 찾아왔다. 일단 뿌뿌는 대회에 나가보기로 했다. 옆에선 가족들이 "화이팅!"이라고 응원하고 있었다. 길에서 대회를 시작하려고 하는데 사람들이 사마귀를 발로 밟고 갔다.

3. 친구 꾸꾸가 다친 날

내 친구 꾸꾸는 허리가 부러졌다. 꾸꾸는 입원을 했다. 내가 신상 메뚜기 케이크를 꾸꾸에게 주었다. 내 친구 꾸꾸가 수술을 했다. 수술이 잘 되어서 퇴원을 했다.

4. 친구와 놀이동산

오랜만에 꾸꾸와 놀이동산에 갔다. 놀이동산에서 바이킹을 탔다. 나는 안전 벨트를 하지 않아서 공중으로 날아갔다. 많이 다치진 않아서 다행이다. 그래서 재미있는 회전목마와 범퍼카를 탔다. 그리고 메뚜기 츄러스와 회오리 감자를 먹었다. 정말 재미있는 하루였다. 우리는 하하하 호호호 웃으며 집으로 갔다.

5. 엄마한테 혼난 날

집에 와서 친구와 함께 목욕을 했다. 너무 재미있는 나머지 집을 어질러 놓았다. 엄마가 뿌뿌의 방에 들어가서 소리를 질렀다. 그래서 나와 꾸꾸는 잔소리를 막기 위해서 똑똑박사 마법사를 불렀다. 마법사는 사람처럼 빠르게 청소를 해주었다. 엄마가 들어오셔서 감탄을 했다. 엄마는 나에게 용돈을 주셨다. 나는 기분이 너무 좋았다.

6. 마법사와 함께 한 날

나와 꾸꾸는 마법사와 함께 놀았다. 마법사가 재미있는 장난감을 많이 만들어 주었다. 인형도 많이 주셨다. 나는 신이 나서 마법사와 빗자루를 타고 날아갔다.

7. 마법사와 숲 여행

여행을 갔는데 우선 숲속으로 갔다. 나는 맛있는 메뚜기를 많이 잡아먹었다. 나는 너무너무 좋았다.

8. 뿌뿌와 꾸꾸가 채집통에 갇힌 날

그 때 사람들이 와서 우리를 채집해 버렸다. 나는 너무 무서워서 벌벌 떨었다. 나는 어떤 남자아이의 채집통으로 들어갔다. 나는 남자아이의 집으로 갔다. 거기는 무서운 조각상들이 많이 있었다. 나는 너무 무서워서 울어 버렸다.

9. 마법사가 구하러 온 날

그 때 다행히 마법사가 나타났다. 그래서 빗자루를 타고 다행히 집으로 돌아왔다. 엄마는 나를 보고 엉엉 울었다.

10. 라라와 친구한 날

나는 너무 기뻐서 오늘 기념으로 메뚜기 피자와 메뚜기 치킨을 시켜서 가족과 맛있게 먹었다. 뿌뿌는 밥을 다 먹고 놀이터로 나왔다. 어떤 사마귀도 혼자 놀고 있었다.

나는 그 사마귀에게 "안녕."이라고 말을 걸어 보았다. 그 친구는 아무 대답 없이 앉아만 있었다. 그래서 뿌뿌가 한 번 더 용감하게 큰소리로 "안녕."이라고 했다.

이번에 그 사마귀 친구도 "안녕."이라고 작은 소리로 말했다. 뿌뿌는 이번에 "너 이름이 뭐니?"라고 물어보았다.

그 친구는 말했다.

"내 이름은 라라야. 너 이름은 뭐니?"

나는 "뿌뿌라고 해!" 그래서 뿌뿌와 라라는 베스트 친구가 되었다.

우리는 같이 놀이터에서 시간 가는 줄 모르고 계속 뛰어놀았

다. 나는 라라와 파자마 파티도 했다. 이제 아침이 되었다. 너무 아쉽게도 헤어져야 했다. 라라와 나의 엄마는 서로 상의를 해서 다음엔 라라 집에서 잘 수 있다고 말했다. 우리는 너무 신나 폴짝폴짝 뛰었다.

11. 라라가 귀신된 날

다음 날이다. 엄마와 나는 라라의 집에 갈 준비를 하고 있었다. 그 때 라라가 와 있었다. 엄마와 나는 너무 놀라서 기절해 버렸다. 사실 라라는 귀신이었던 것이다.

12. 마법 주문

라라는 우리에게 마법을 걸어 놓았다. 라라는 마법을 3개를 걸었다. 첫 번째 마법은 나의 힘을 없애는 거였다, 두 번째 마법은 조금 있다가 더욱 무시무시한 귀신이 온다는 것이다. 세 번째 마법은 어떤 마법이 걸려 있는지 모른다는 것이다.

나는 세 번째 마법을 알기 위해서 똑똑 마법사를 찾아갔다. 똑똑 마법사에게 도착했는데 용 두 마리가 길을 막고 서 있는 것이었다. 뿌뿌는 너무 놀라 기절해 버렸다. 뿌뿌는 1시간 뒤에 눈을 떴다. 어머나! 눈앞에 똑똑 마법사가 있는 게 아니겠어요! 그래서 뿌뿌는 똑똑 마법사한테 귀신 라라가 걸어놓은 3번째 주문이 무엇인지 물어보았다.

똑똑 마법사는 3번째 주문을 알려주기 전에 미션을 2가지 풀어야 3번째 주문을 알려준다고 했다. 그래서 뿌뿌는 미션을 성공해 보기로 했다.

1번째 미션은 메뚜기 잡기였다. 2번째는 무서운 놀이기구 타기였다. 뿌뿌는 똑똑 마법사와 함께 메뚜기를 잡았다. 더 많이 잡는 사람이 이기는 것이었다. 제한 간은 10분이었다.

뿌뿌는 제한 시간 안에 100개의 메뚜기를 잡았고, 마법사는 90개의 메뚜기를 잡아서 1번째 우승자는 뿌뿌였다. 2번째 무서운 놀이기구를 타는 미션도 했다. 마법사와 뿌뿌는 "빵빵빵" 놀이동산에 갔다. 우리는 제일 무서운 Big 바이킹을 탔다. 이번에도 뿌뿌가 이겼다.

마법사는 할 수 없이 3번째 주문이 무엇인지 알려주었다. 3번째는 라라와 평생 놀 수 없다는 것이다.

13. 신비로운 약

뿌뿌는 라라가 귀신인 것을 알지만 그래도 친절한 귀신이어서 같이 더 놀고 싶었다. 뿌뿌는 마법사가 말한 라라가 어떤 약을 먹어서 귀신이 된 것이라고 말했다. 그래서 마법사는 뿌뿌에게 신비로운 약을 주고 사라졌다. 뿌뿌는 얼른 라라의 집으로 가서 신비로운 약을 주었다. 라라는 그 약을 마셔서 다시 평범한 사마귀가 되었다.

14. 우리들의 영웅

라라와 꾸꾸와 나는 신나는 사냥놀이를 통해 숲속의 최강의 3총사가 되어서 여름 숲에서 나쁜 곤충들을 물리치는 최고의 사마귀 영웅이 되었다.

사마귀의 특징

사마귀는 초록색이나 갈색을 띠며 앞다리가 낫처럼 구부러져 있고 양쪽의 눈이 툭 튀어나와 있다.
거미, 메뚜기, 개구리 등 살아 있는 것을 잘 잡아 먹는다
사마귀는 뛰어난 사냥꾼으로서의 모습을 갖추고 있다.
새끼 때부터 사냥하고 자라면서 허물을 벗는다.
사마귀의 머리는 삼각형이고 앞가슴은 가늘고 길다.
앞다리가 길고 크며 날카로운 가시가 돋아 있어 다른 벌레를 잡아먹는 데 쓰인다.

랫서의 꿈
글·그림 함믿음

월요일 아침입니다. 랫서가 엄마를 깨워서 밥을 먹고 학교에 갑니다. 학교 가는 길에 절친을 만났습니다. 그 친구는 장수풍뎅이 '뎅이'였습니다. 랫서와 뎅이는 학교에 가서 함께 수업했는데 뎅이와 랫서가 정말 싫어하는 수학 시간이 있는 날입니다. 뎅이와 랫서는 수학 시험만 치면 함께 '0점'을 받는 절친이었지요. 그런데 오늘은 어쩐 일인지 뎅이가 30점이나 받았습니다. 그리고 랫서는 어김없이 0점을 받았지요. 뎅이가 말했습니다.

"랫서야~! 오늘 우리 집에 갈 수 있어?"
"응… 왜?"
"내가 30점이나 받았으니 축하 파티 겸 너의 위로 파티를 해야지…"

"그래… 넌 좋겠다…. 너희 집에 가서 놀자! 집에 일찍 가봐야 엄마한테 또 혼날 테니…."
"그럼 가는 길에 놀이터도 들렀다 갈까?"
"너무 좋아~ 어서 너희 집으로 가자."

랫서와 뎅이는 집에 가는 길에 놀이터에서 한바탕 신나게 놀고 뎅이 집에 도착했습니다.
뎅이가 목이 마른 랫서에게 주스를 주었습니다. 그런데 랫서가 그만 쓰러지고 말았습니다. 뎅이는 119에 신고하였고 랫서는 119 구조대의 도움으로 병원에 도착했으나 시간이 지난 후 일어났습니다.

"랫서야 괜찮아? 이제 좀 정신이 들어?"
"응… 괜찮아… 어떻게 된 거지?"
"내가 준 주스를 먹고 네가 정신을 잃었는데 의사 선생님이 아무 이상이 없대…."
"그래? 나도 아픈 곳 없이 괜찮아."
"다행이야… 너희 엄마 오시면 집에 가자……."
잠시 후 랫서 엄마가 맨발로 달려왔어요.
"랫서야, 괜찮아?"
"네… 엄마…"
"어휴~ 놀라라… 어서 집에 가자. 뎅이도 오늘 고마워~"

다음 날 아침이 되었어요. 랫서가 잠에서 깨어 일어나니 몸이 조금 다른 것 같았어요. 그래서 거울을 보았어요.

"꺄~~~~~~악 이게 뭐야~~"

랫서의 소리에 놀라 달려온 랫서의 엄마는 더 크게 놀랐어요.

"허걱~ 래… 래… 랫서야……. 우리 랫서 맞니?"

"네에… 엄마… 저 랫서예요."

"아니… 어떻게… 사람으로 변한 거야?"

"저도 모르겠어요. 엄마….''

그 때 전화벨이 울렸어요.

'따르르릉~ 따르릉~~'

절친 뎅이의 전화였어요.

"랫서야~ 너 괜찮아?"

"아니~ 나 사람이 됐어."

"아~ 그랬구나. 미안해. 어제 내가 너에게 준 것이 주스가 아니었어."

"주스가 아니었다고? 그럼, 그게 뭐야?"

"엄마가 과학실험 중이셨던 물약이었는데 내가 모르고 너에게 준 거야."

"그럼. 나는 어떡해? 어떻게 하면 돌아갈 수 있어?"

"아직 엄마께서 예전 모습으로 돌아갈 수 있는 물약은 못 만드셨대. 그렇지만 지금부터라도 엄마가 실험해 보신다고 하니 조금만 기다려 봐."

시간이 흘렀지만, 뎅이 엄마의 실험은 계속 이어졌고 랫서도 사슴벌레로 돌아가기 위한 방법을 찾아봤지만 쉽지 않았어요. 그래서 사람으로 변한 자기 모습을 받아들이기로 했지요. 그리고 그동안 사람이 된다면 하고 싶었던 일들을 하기로 결심했어요.

'TV에서 보았던 아이돌 가수가 되면 좋겠어…….' 하며 생각하고 잠이 들었어요. 그리고 다음 날 눈을 뜨니 놀라운 일이 벌어졌어요. 어젯밤 생각했던 아이돌 가수가 되어 있었어요. 랫서는 자신의 상상한 대로 변한 자기 모습을 보고 놀랐지만 싫지는 않았어요. 예쁘게 화장하고 화려한 옷을 입으며 많은 사람 앞에 노래와 춤을 추면 모두들 랫서를 좋아하고 사랑한다고 말했어요. 그리고 많은 선물도 받았거든요.

그러나 그러한 시간도 길지는 않았어요. 인기가 많은 랫서는 잠잘 시간도 없이 매일 세계 방방곡곡을 다니며 많은 무대에서 노래와 춤을 춰야 했기 때문이지요. 그래서 점점 랫서는 지쳐가고 있었어요. 그런 랫서를 도와주는 사람은 없고 더 멋진 모습만을 기대하는 사람들뿐이었어요. 그런 사람들에게는 랫서의 작

은 실수도 용납되지 않았어요. 랫서는 더 긴장하고 실수할까 봐 불안했어요.

랫서는 "아… 정말 힘들어… 다시 돌아가고 싶어…." 하며 생각했어요.

그러던 어느 날 공연을 하러 가는 길에 비행기 사고가 났어요. 그리고 랫서는 많이 다치고 말았지요. 병원에 도착한 랫서를 누군가 붙들고, "랫서야~ 일어나~ 제발 눈 좀 떠봐~" 하고 소리쳤어요. 그 소리에 랫서는 힘겹게 눈을 뜨니 뎅이가 눈앞에 있는 거예요.

"랫서야!! 이제 일어났어?" 뎅이가 말했어요.
"이게 어떻게 된 일이야?" 랫서가 물었어요.
"어떻게 되긴 네가 수학 시험 0점 받아서 내가 너 위로해 주려고 우리 집에 왔는데 잠만 자면 어떻게 해~"
"어? 나 비행기 사고 난 거 아니야?"
"무슨 소리야? 아직 잠이 덜 깼어? 밥 먹으러 가자~!" 하고 뎅이가 먼저 방에서 나가자 랫서는 생각했어요.
'휴~ 꿈이었구나… 내가 0점을 받아도 나를 좋아해 주고 위로해 주는 절친 뎅이가 있어서 정말 다행이다.'

〈사슴벌레의 특징〉

- 사슴벌레는 햇빛을 싫어하기 때문에 낮에는 나무 밑동 주변의 흙 속이나 나무줄기의 갈라진 틈, 나뭇가지 사이에 숨어서 잠을 자요.
- 사슴벌레는 더듬이로 냄새를 맡는데 그 더듬이는 모두 11마디로 되어 있어요. 첫 번째 마디는 나머지 10마디를 합친 길이만큼 길고, 첫 번째와 두 번째 마디가 붙어 있는 각도 때문에 더듬이는 'ㄴ'자 모양으로 생겼어요.
- 사슴벌레는 나무진을 매우 좋아해요. 나무진뿐만 아니라, 과일의 즙도 먹어요. 입 모양은 윗입술, 큰 턱, 작은 턱, 작은턱수염, 아랫입술, 아랫입술수염으로 이루어져 있어요. 이것을 '입틀'이라고 부르는데, 그중에 작은 턱이 붓 모양으로 변해 있어요.
- 암컷 사슴벌레와 수컷 사슴벌레가 만나 짝짓기를 한 뒤, 암컷 사슴벌레가 죽은 나무 속에 알을 낳으면 사슴벌레의 애벌레는 죽은 나무의 속살을 파먹으며 자라요. 세 번의 허물을 벗고 번데기가 되어요. 어른벌레의 모습을 하고 있어서 큰 턱도 보여 번데기만 보도 암컷과 수컷을 구별할 수 있어요.
- 우리나라에는 모두 14종의 사슴벌레가 살고 있고 종류에 따라 생김새와 큰 턱의 모양이 조금씩 다르지만 '넓적사슴벌레'는 우리나라에서 흔히 볼 수 있고, 몸집도 가장 커요.

〈장수풍뎅이의 특징〉

- 장수풍뎅이는 풍뎅이 중에서 가장 힘이 세고 몸집이 커서 장군처럼 크고 힘이 센 풍뎅이라는 뜻으로 장수풍뎅이라는 이름이 생겼어요.
- 장수풍뎅이의 작은 턱도 사슴벌레처럼 붓 모양으로 변해 나무진을 핥아먹기 아주 좋아요.
- 장수풍뎅이는 짝짓기한 뒤, 부엽토 속에 알을 낳아요.

〈사슴벌레 VS 장수풍뎅이〉

- 사슴벌레와 장수풍뎅이가 싸우면 누가 이길까요? 힘이 더 센 장수풍뎅이가 주로 이겨요. 그러나 사슴벌레의 큰 턱에 잘못 걸리면 장수풍뎅이도 꼼짝 못 하고 던져져요.
- 사슴벌레와 장수풍뎅이는 비슷하게 생겼지만, 수컷 사슴벌레는 큰 턱이 있고, 수컷 장수풍뎅이는 뿔처럼 생긴 돌기가 있어요. 그러나 큰 턱이 짧은 암컷 사슴벌레와 돌기가 없는 암컷 장수풍뎅이는 매우 비슷하게 생겼어요.